무엇을 바꿀 것인가?

AI와 함께
만드는
최적의 미래

강국진 지음

무엇을
바꿀 것인가?

P 필로소픽

| **차례** |

AI 시대, 어떻게 살아야 할 것인가?

《최후의 교수들》에서 프랭크 도너휴는 이미 2008년에 세속화되어 취업학교가 되고 기업의 노예가 된 미국의 대학교를 고발한다. 2015년에 《진격의 대학교》를 출간한 오찬호도 한국의 대학교에 대해서 도너휴와 비슷한 고발을 했다. 오늘날의 학교는 미래에 대한 비전을 잃은 탓에 열정을 잃은 것처럼 보인다. 공부할 것은 점점 많아지지만 그것이 정말 우리를 행복하게 해줄지는 분명하지 않다. 교육은 기껏해야 돈을 약속하는 것 같고 그나마도 지켜질 것인지 믿기 어렵다.

이 책은 AI가 만드는 혁신의 핵심은 새로운 미디어의 출현에 있다는 생각과 그 시대를 위한 교육에는 새로운 철학과 문화가 필요하다라는 생각에서 시작되었다. AI는 저절로 인간에게 좋은 세상을 만들어주지는 않지만 우리에게 근대의 한계를 극복하는 새로운 비전을 약속한다. 내게는 이것이 지극히 자명하게 느껴졌으므로 나는 한 편의 글 정도면 이러한 점을 설명할 수 있을 것이라고 생각했다.

그러나 집필 과정에서 내가 생각하는 것을 남들에게 잘 전달하기 위해서는 보다 많은 설명이 필요하다는 것을 알게 되었다. 그래서 먼저 새로운 철학과 문화가 필요하다는 말을 설명하기 위해서 근대에 대해 이야기할 뿐만 아니라 확률적 사고를 설명할 필요가 생겼다. AI를 새로운 미디어로 볼 수 있다는 것을 한 장에 걸쳐서 설명할 필요도 있었다. 그러고 나서야 노동자가 아니라 창업가와 경영자를 위한 교육에 대해 이야기할 수 있었다.

더 구체적으로 말하자면 이렇다. 나는 1장에서 근대의 한계가 AI 시대를 부른다는 것을 설명할 것이다. 2장에서는 AI를 문자와 언어, TV 같은 소통을 위한 미디어로 소개한다. AI 혁신의 핵심은 소통의 방식이 바뀐다는 것이다. 앞으로는 개인이 기업화된 인간이 되는 세상이 올 것이며 이것이 협업의 방식과 중요도를 바꿀 것이다.

3장에서는 1장과 2장에서 소개한 내용을 기반으로, AI 시대에는 어떠한 사고의 변화가 필요한지를 보다 구체적으로 말한다. 4장은 이러한 새로운 사고가 우리의 행동과 미래 비전에 어떤 변화들을 가져오는지를 소개하는 장이다.

5장과 6장은 이렇게 달라질 세상을 위해 교육은 어떻게 바뀌어야 하는지 이야기한다. 5장에서는 교육이 가져야 할 기능과 형태에 대해서 정리한다. 이것은 AI 시대를 위한 교육이 지금의 근대교육을 완전히 대체하는 것은 아니며, 어떻게 서로 다른 교육이 공

존할 수 있는지 보여줄 것이다. 6장은 AI 시대를 살아가는 법을
가르치는 AI 학교가 어떤 모습이어야 할까에 대해서 말한다.

이 책에는 부록이 있다. 부록 1은 AI 기술 그 자체를 좀 더 깊
게 이해하기 위한 것이고 부록 2는 본문에서 강조하는 문제의
구성을 좀 더 심도 있게 설명하기 위한 것이다.

우리는 다가올 AI 시대를 어떻게 살아야 할까? 특히 우리의
아이들에게 그 시대를 살아갈 준비를 시켜줘야 할 학교는 어떻
게 바뀌어야 할까? 본문에서 자세히 설명하겠지만 나의 답은,
"소통과 협업 그리고 메타인지"다. 우리는 기술의 새로운 변화에
도 주목해야겠지만 무엇보다 그 새로운 기술이 우리에게 주는
메시지에 귀를 기울여야 한다. 예를 들어 1960년대의 서구 문화
는 1950년대에 TV라는 새로운 미디어가 대중화되었고 그를 통
해 새로운 음악과 뉴스가 전달되기 시작했다는 사실에 크게 영
향을 받았다. 1960년에 젊은 케네디가 대통령으로 당선된 것도
마찬가지다. 이렇게 새로운 미디어는 정치적 경제적 문화적 변
화를 가져온다. 하지만 TV 시대란 거의 대부분 TV를 만드는 기
술에 대한 것이 아니었다. 문자나 인터넷 등 다른 미디어도 마찬
가지다. 우리는 새로운 기술 이상으로 그 기술이 전달하는 메시
지에 주목해야 한다. 그것이 더 중요하다.

세상에는 AI에 대한 잘못된 생각이 많다. AI는 매우 새로운 것
이다. AI를 막연히 우리 주변에 있는 무언가와 비슷한 것, 예를

들어 정확한 설계에 의해서 만들어진 기계와 비슷한 것으로 여겨서는 안 된다. 그렇게 하면 우리는 AI란 무엇인가라는 질문을 AI란 어떤 기계인가라는 질문으로 대체하게 된다. 그래서는 AI를 제대로 이해할 수 없으며 기술적 세부사항에 지나치게 몰두하게 된다. 많은 사람들은 또한 AI를 어떤 자연재해 같은 재앙이나 우연히 굴러들어온 복권당첨처럼 이해하면서 AI 시대의 도래를 수동적으로 받아들인다. AI에 대한 비관론이니 낙관론이니 하는 것들은 마치 우리가 뭘 하건 내일 비가 오고 안 오고를 바꿀 수 없듯이 AI와 인간의 미래는 미리 정해져 있다는 생각을 하게 한다. AI에 대한 몰이해가 이런 태도들을 만든다.

지금은 AI가 어느 정도 대중의 의지와 상관없이 발달하고 있지만 AI로 인해 달라질 환경은 보다 큰 변화를 위해 대중의 정신적 문화적 변화를 요구할 것이다. 그러한 변화에는 사고방식의 변화가 필수적이다. AI 시대의 사고는 근대적 사고의 핵심인 과학적 사고와는 분명히 다르다. 과학적 사고는 정확한 원인에 대한 탐구와 객관적 지식의 추구 그리고 새로운 지식을 만들어내는 인간의 이성을 중시한다. 지금의 학교교육도 대개 이러한 사고에 기반하여 행해지고 있다. 반면에 AI 시대에는 정확한 인과관계는 별로 중요하지 않고, 지식은 반드시 객관적인 것이 아니며, 많은 분야에서 새로운 지식은 주로 컴퓨터 최적화 과정을 통해서 발견될 것이다.

AI의 발달은 우리가 근대화 이후 건설해왔던 삶의 방식과는 전혀 다른 삶이 시작된다는 것을 의미한다. 따라서 우리의 교육 또한 그에 맞춰 크게 달라져야 한다. 우리는 과학적 사고를 그 핵심으로 하는 지금의 교육과는 다른 새로운 교육이 필요하다. 이런 말이 과학적 사고가 틀렸다거나 앞으로는 사라질 거라는 뜻은 아니다. 우리가 21세기에도 여전히 농사를 짓고 종교를 소중히 여기듯이 과학적 사고는 미래에도 중요하게 남을 것이다. 다만 서로 다른 환경 속에서는 다른 전략과 가정을 가진 사고가 더 효율적이다. 과학적 사고는 변화하지 않고 단순한 환경에서 생산적이다. 우리에게는 이제 빠르게 변화하고 복잡한 환경에 적합한 사고방식이 필요하다.

미래는 저절로 오지 않는다. 다수의 사람들이 참여하고 노력하는 일 없이는 진정한 AI 시대, 즉 AI 기술이 안전하며 믿을 수 있고 인간은 행복한 시대는 오지 않을 것이다. 우리는 종종 AI가 안전해지려면 기술이 발전해야 하고, 따라서 그것은 공학자들에게 달려 있다고 생각한다. 하지만 침팬지가 조종해도 안전한 제트기를 만드는 것은 불가능하다. 우리의 사고가 AI 시대에 걸맞게 변하지 않으면 AI는 계속 위험한 것으로 남을 것이다. 우리는 AI를 깊게 이해해야 하고 더 높은 윤리의식과 시민의식을 가져야 한다. AI 시대에 인간은 무가치해지는 게 아니라 오히려 지금보다 더욱 중요한 존재가 될 것이다. 새로운 사고를 배우고 새로운 방식으로 소통하고 협업하는 인간이 되도록 적절히 계몽된다면 말이다.

AI 시대를 우리는 어떻게 살아야 할까? 이는 결국 교육을 어떻게 바꿔야 할 것인가라는 질문으로 연결되고 그 안에서 보다 구체적으로 이해될 수 있다. 나는 이 책을 읽는 독자들이 이에 대해서 짧은 답을 원할 거라고 생각한다. 그래서 나의 짧은 답을 미리 말해두려 한다.

미래는 직장인의 시대가 아니라 창업가, 경영자의 시대다. AI 시대는 불확실성과 메타인지 그리고 설득력 있는 비전의 시대다. 사회는 기업화된 개인으로 채워질 것이고 그들의 달라진 소통의 방식은 개혁의 속도와 협업의 방식을 지금과는 전혀 다른 것으로 만들 것이다. 우리는 AI를 이용해서 문제를 해결하는 법을 익혀야 하고 취업을 하기보다는 독립적으로 살아가야 한다. 우리는 우리가 살아갈 세계를 스스로 만들거나 선택해서 참여해야 한다.

AI 시대의 학교는 기성세대가 어린 학생들과 함께 새로운 문제를 발굴하고 AI를 써서 해결하는 경험을 제공하는 장소, 아마도 지금의 창업 인큐베이터와 비슷한 모습일 것이다. 우리는 모든 사람들이 AI를 써서 문제를 해결할 수 있도록 사회적 인프라를 준비하는 것은 물론 교육을 혁신할 필요가 있다. 노동자를 키우는 교육이 아니라 AI로 무장한 경영자를 키우는 교육이 필요하다.

이 짧은 답은 아직 별로 의미가 없다. 어떤 문장의 의미는 문맥이 제공하기 때문이다. 이 책의 본문이 이 짧은 답의 문맥을 제공할 것이다. 같은 것을 경험해도 배후 지식이 다르면 배우는 것이 다르다. 그런 의미에서 진짜 중요한 것은 각각의 문장에 의미를 주는 프레임과 문맥이다. 전근대 국가였던 조선에서 누군가가 앞으로는 농업이 아니라 상업이 중요해질 거라고 말했다면, 사농공상의 신분질서에 익숙했던 그 시대 사람들은 "우리가 다 천한 보부상 같은 것이 된다는 말이냐"면서 실망하거나 화를 냈을 것이다. 그들은 미래의 상업이 뭔지 모르기 때문이다. 마찬가지로 우리는 아직 AI가 어떤 새로운 세상을 만들어 나갈지 모른다. 그래서 AI 시대에 기업화된 인간으로 살아간다는 것의 의미를 모른다. 그 의미는 AI 시대에 대한 이해 위에서만 파악될 수 있다. 뒤에 이어질 본문은 근대와의 비교를 통해, 그리고 확률적 사고의 특징을 통해 그러한 이해에 도달하기 위한 것이다.

한 가지 미리 강조해둘 것은 이러한 논의에서 개인과 개인을 둘러싼 사회를 분리할 수 없으며, 이 둘은 같이 이야기되어야 한다는 것이다. AI 시대를 사는 것은 개인의 문제일 수 없다. 혼자서 뭘 잘하면, 내 아이만 잘 키우면 AI 시대를 잘 살아갈 수 있는 게 아니다. 사회적 환경이 조성되지 않는 가운데, 다수의 사람들이 함께 참여하지 않은 가운데 AI 시대를 나 혼자 잘 살아갈 수 있는 방법은 존재하지 않는다. 그래서 AI 시대에 어떻게 살 것인가 하는 질문은 사회가 어떻게 바뀌어야 하는가에 대한 질문이 된다. 사회개혁에 대한 질문인 것이다. 그러면서도 우리는 개인을 잊어서는 안 된다. 어떤 물리적인 환경이나 사회 정책이 바뀐다고 저절로 개인이 바뀌고 개혁이 성공하는 것이 아니다. 개인의 생각이 바뀌어야 사회가 바뀐다. 개인과 사회를 구분해서 생각할 수 있다는 것은 전형적인 과학적 사고, 환원론적 사고다.

이 책이 강조해서 말하고자 하는 것 중 하나는 그런 사고는 AI 시대에 특히 적절하지 않다는 것이다. AI 시대에는 사회적 협동과 환경에 대한 주목이 중요하다. 나 혼자만 쓰는 전화기가 의미가 없듯이 미래의 핵심은 사람들 간의 소통과 협업에 있다. 우리는 자기 자신을 잊지 말아야 하지만 또한 나 혼자만으로는 할 수 있는 것이 크게 제약된다는 것을 기억해야 한다. 진정한 능력은 연결에서 나온다. 그래서 더 많은 사람들을 지능적인 망에 연결시키기 위한 AI 학교가 필요하다. 잘난 개인이 아니라 위대한 공동체, 위대한 문명을 만들기 위해서다. 교육이 바뀌어야 개인들의 생각이 바뀔 수 있고 위대한 집단지성이 만들어질 것이다.

1장

근대, 과학적 사고의
시작과 한계

✗ 근대화로부터의 교훈

미래를 알려면 현재 우리가 서 있는 곳을 알아야 한다. 즉 AI 시대를 이해하려면, 그리고 그것이 왜 오는가를 이해하려면 우리는 우리가 지금 살고 있는 시대를 알아야 한다. AI 시대는 지금과 근본적으로 다르다. 새로운 시대는 그냥 오는 것이 아니라 지금의 시대가 가지는 한계와 문제 때문에 오는 것이다. 그뿐 아니라 우리는 근대와 AI 시대의 차이를 통해 AI 시대를 이해할 수 있다. 그래서 우리는 AI 시대를 이야기하기 위해 잠시 근대에 대해서 이야기할 필요가 있다.

우리는 지금 AI와 관련해서 근대화 초기와 비슷한 상황에 있다. AI를 개발하는 것은 소수의 거대한 자본을 가진 회사나 국가이고, 대중들은 AI가 뭔지 아직 잘 모른다. 그래서 미래에 대해서 극단적인 희망을 품거나 공포를 느끼는 경우가 많다. 보통의 대중은 AI 시대를 어떻게 살아야 할지 모른다. 그래서 만능의 슈퍼 AI를 쉽게 말하는 사람이 있는가 하면 인간과 AI 간의 경쟁에만 집중하는 사람들이 있다. 사람들은 AI가 사라지게 하지 않을 직업은 어떤 것인가, AI 시대에 인간이 가지는 가치는 무엇인가라는 질문을 던지고 있다. 사람들은 AI가 어떻게 새 시대를 만드는지에 대한 비전을 알지 못하고 AI의 장점과 한계에 대한 전반적인 이해가 부족하다. 우리가 원하지 않아도, 우리의 역할이 없어도 AI 시대가 우리에게 닥쳐올 것이 두렵기만 하다.

하지만 AI 시대는 저절로 오는 것도 아니고 챗GPT 같은 AI를 사용하는 것만으로 이룩되는 것도 아니다. 거대한 사회적 변화는 과거의 근대화가 보여주듯이 사고의 전환과 사회적 환경의 변화 없이는 일어날 수 없고, 그것 없이는 시작된다고 해도 정착되지 않는다. 역사적으로 서양에서 17세기 후반에서 18세기 말까지 이어진 계몽주의의 시대가 18세기 중반 이후부터 전개된 산업혁명의 시대 앞에 있었다는 사실, 그리고 산업혁명이 본격화되고도 교육개혁으로 교육을 대중화해 많은 사람들에게 새로운 사고를 가르친 뒤에야 근대화가 완성될 수 있었다는 사실이 이를 보여준다.

예를 들어 소수의 지식인과 과학자만 과학을 이해할 뿐 대부분이 문맹인 나라에 근대식 공장이 몇 개 세워졌다고 해서 그 나라를 근대화된 나라라고 할 수는 없다. 문맹은 기계의 설명서도 계약서도 읽을 수 없다. 문맹인 사람은 근대화된 사회에서 살아가기 어렵고 다수가 그렇다면 결국 그들이 근대화를 실패하게 만든다. 그래서 의무교육이 전세계적으로 보편화된 것이고 교육은 권리이자 의무가 된 것이다. 공장과 기계가 존재해도 그것의 사회적 환경이 되는 근대화된 인간들, 즉 과학적 사고를 하는 인간들이 없이는 제대로 작동할 수 없다. 생산성이 잘 오르지 않을 뿐만 아니라 사고가 생긴다. 또한 근대화 교육을 받지 못한 사람들이 비참한 환경 속에서 노동하게 된다. 근대화에 뒤처진 나라가 다른 나라의 식민지가 되기도 한다. 그런 사례 중의 하나인 조선의 후예 한국 사람들은 이것을 잘 알고 있다.

기술만으로는 미래가 결정되지 않는다. 한국은 서양에서 구텐베르크의 금속활자 인쇄술이 나오기 이미 200년도 더 전에 그 기술을 가지고 있었다. 하지만 서양에서와는 달리, 구텐베르크의 인쇄술에서 종교혁명, 문맹률 감소를 거쳐 계몽주의와 근대화로까지 이어지는 변화가 고려나 조선에서는 일어나지 않았다. 이것은 환경과 무관하게 기술이 독자적으로 미래를 결정하지 않는다는 것을 보여주는 사례다. 기술은 그 기술을 사용하는 사람들을 필수적 환경으로 요구하며, 기술의 사용 방식은 그것을 사용하는 사람들의 사고에 따라 결정된다. 증기기관 같은 기술도 마찬가지다. 그런 기술 자체가 저절로 산업혁명을 가져온 것이 아니다. 베이컨의 경험주의와 데카르트의 방법론적 회의, 로크의 자연권 사상이나 애덤 스미스의 경제적 자유주의는 물론이고 무엇보다 뉴턴의 고전역학이 만들어낸 사고의 전환이 있었기에 산업혁명도 가능했던 것이다.

근대화는 단순히 새로운 기술이 도입되는 것을 넘어 인간관과 사회관의 변화, 전근대에서 근대로 변화하는 대안적 삶의 방식에 대한 비전이 있었기에 가능했다. 근대화는 대단한 물질적 변화를 가져왔지만 그것 이상으로 사고와 문화의 전환에 대한 것이었다. 근대문명의 도구를 전혀 사용하지 않는다고 해도 근대인은 전근대인과 이미 다르다. 머릿속에 가지고 있는 생각이 다르기 때문이다. 예를 들어 벌거벗었다고 해도 전근대 왕의 백성과 근대를 사는 공화국의 시민은 사회와 자기 자신에 대한 생각이 서로 다르다. 조선 시대 사람과 지금의 한국 사람이 다르고, 프랑스혁명 이전의 사람과 이후의 사람이 다르다.

이러한 근대적 사고의 핵심은 다음 절에서 설명할 과학적 사고다. 그리고 우리가 앞으로 관심을 가져야 할 것은 AI가 보편적으로 사용되는 AI 시대에는 어떤 새로운 사고가 등장하는가이다. 아직 이 AI 시대를 위한 사고에는 공인된 이름이 없고 나는 이 책에서 편의상 그것을 확률적 사고라고 부를 것이다. 이름이 중요한 것은 아니다. 중요한 것은 과학과 AI가 서로 다르듯이 과학적 사고와 확률적 사고가 서로 다르다는 것이다. 과학적 사고의 대중화 없이는 근대화를 완성하는 것이 불가능했듯이 확률적 사고의 대중화 없이 진정한 AI 시대는 완성될 수 없다. 우리는 과학적 사고의 핵심을 뉴턴역학에서 추출할 수 있다. 마찬가지로 나는 이 확률적 사고의 핵심을 AI라는 기술의 특징들로부터 추출할 것이다.

수많은 철학자들이며 사상가들이 우리가 사는 사회를 비판해왔지만 우리는 과학적 사고에 기초한 지금의 사회를 근본적으로 넘어서는 진정한 대안적 사회를 만든 적이 없다. 이는 무엇보다 기술적 발전이 불충분했기 때문이다. 뉴턴역학이 있었다고 해도 산업혁명 전후의 기술적 발전이 없었다면 전근대사회가 근대사회로 전환할 수 없었을 것이다. 경제적 사회적 토대가 변하지 않으면 새로운 삶은 가능하지 않다. 마찬가지로 근대의 문제를 분명히 해결하고 새로운 방식으로 살아가는 사회가 오기 위해서는 그런 대안적 사회를 유지할 수 있는 새로운 기술이 필요하다. 우리는 오늘날 그런 기술을 가지고 있다. 그것이 AI 기술이다.

방대한 양의 데이터로 만든 AI가 할 수 있는 일은 과거의 사람들이 상상한 것을 초월한다. 다만 우리가 행복한 미래를 만들어가기 위해서는 그 기술이 제대로 작동할 수 있는 환경을 갖춰야 한다. 기술 발달의 속도가 근대화가 진행될 때보다 지금 훨씬 더 빠르다는 것을 생각할 때, 수백 년에 걸쳐 일어난 근대화와 달리 AI로 인한 변화는 수십 년 안에 일어날 것이다. 이는 우리 사고의 점검과 사회적 교육적 변화가 시급하다는 뜻이다. 적절한 사회적 환경의 조성과 확률적 사고의 교육 없이는 많은 사람들이 마치 근대화된 세계에서 문맹으로 살아가는 사람들처럼 무력해지고, 위험에 쉽게 노출될 것이며, 사회에 짐이 되는 존재가 될 것이다. AI가 제대로 발달하는 미래로 가는 데 가장 큰 제약은 기술적 발달이 아니라, 인간 사고의 전환과 제도적 개혁을 포함하는 사회적 합의의 어려움에서 비롯될 가능성이 크다. 이것은 인류 역사에서, 과거 서구의 계몽주의 시대 이래의 철학적 작업에 해당하는 것이 다시 한번 필요해졌다는 것을 의미한다. 데카르트는 심신이원론으로 과학의 영역과 윤리의 영역을 구분했으며 칸트는 지식의 이론, 즉 어떻게 지식을 믿을 수 있는가라는 질문을 탐구했다. 우리도 오늘날 AI가 인간 윤리에 미치는 영향을 고민하며 어떻게 AI를 믿을 수 있는가라는 질문을 탐구하고 있다.

✗ 과학적 사고의 특징

  우리는 다양하게 근대의 특징들을 논할 수 있다. 예를 들어 정치적 예술적 철학적 분야에서 각각 어떻게 근대가 시작되었는가를 논할 수 있고, 그렇게 하면서 민주주의 제도의 발전이나 개인주의, 인간 중심적 예술의 시작에 대해서 말할 수 있을 것이다. 하지만 내가 하려는 것은 그런 것이 아니다. 오늘날 뒤를 돌아보았을 때 우리는 계몽주의 시대에 나타난 한 가지 요소가 근대로의 변화를 되돌릴 수 없게 만드는 데 매우 눈에 띄는 역할을 했던 것을 알 수 있다. 그것은 바로 뉴턴의 고전역학이다. 뉴턴의 고전역학은 근대정신의 핵심인 과학적 사고를 압축적으로 보여준다. 그리고 과학적 사고는 근대화가 진행되는 동안 과학 연구의 범주를 넘어서 경제, 정치 등 사람들의 일상생활 속으로 퍼져 갔다. 근대화의 정신적 핵심은 과학이다. 근대화된 나라에서는 과학자처럼 말하고 선택하는 것이 합리적이라는 것은 거의 모든 사람에게 당연하게 여겨진다. 나는 주로 과학을 통해 근대의 특징을 추출할 것이다.

　물론 근대인의 사고에 과학적 사고만 있는 것은 아니다. 예를 들어 과학적 사고에 대한 반발로 나타난 낭만주의 철학이나 생태주의 철학도 있다. 근대인이라고 해서 종교를 전혀 믿지 않은 것도 아니다. 다른 사고방식들도 과학적 사고와 모순되지 않게 공존할 수 있다. 하지만 근대적인 사회나 경제의 중심에는 과학적 사고가 있고, 근대화 이래 근대에 대한 어떤 비판이나 제안도 과학적 사고의 틀을 완전히 넘어서는 대안적인 사회나 경제를 성공적으로 제시한 적이 없다. 우리는 때로 근대의 틀이 답답해서 자연으로 떠나기도 하지만 도시의 직장을 그만두고 모아둔 돈으로 잠시 산에서 살다 오는 것을 지속 가능한 문명적 대안이라고 할 수는 없다. 일반적으로 근대사회 속에서 살자면 원하지 않아도 과학적 사고를 흡수해야 한다. 그것에 순응하지 않고는 장기간 살 수 없다. 근대사회에서는 학교에 다니고 직장생활을 하고 사회적 규율에 따라서 사는 것 모두가 사람들에게 과학적 사고를 요구한다. 과학적 사고는 근대사회가 지속적으로 추구해온 영원한 진보라는 미래 비전의 핵심이기도 하다.

　그렇다면 뉴턴역학이 보여주는 이 과학적 사고란 무엇인가? 뉴턴역학은 다른 무엇보다 '자연철학의 수학적 원리'다. 즉 그것은 과학적 설명을 수학적으로 구성해내는 것을 그 핵심으로 한다. 이것만큼 분명하게 철학자와 과학자를 구분하는 특징이 없다. 본래 과학은 자연철학으로 불리며 철학과 구분되지 않았다.

하지만 뉴턴역학이 나온 이래 형이상학과 개념적 명확성을 탐구하는 사람들은 철학자로 분류되었다. 그리고 과학자는 엄밀하게 측정된 양들 간의 수학적 관계를 연구해서 새로운 자연법칙을 찾아내거나, 그렇게 찾아낸 법칙들을 기반으로 자연현상들에 대해 과학적 설명을 구성해내는 사람들을 의미하게 되었다. 뉴턴이 중력법칙과 운동법칙에 기반해서 케플러의 법칙들을 설명했듯이 말이다.

엄밀하게 측정된 데이터를 기반으로 수학적으로 구성된 과학적 설명은 예술작품이나 철학적 논의 같은 인문학적 작품과는 다르다. 과학적 설명은 기본적으로 그 기반이 되는 자연법칙의 수정이 있지 않은 한 보편적이고 객관적이다. 피타고라스의 정리가 수천 년 전 고대 그리스에서도 참이었고 지금 여기서도 참이듯이 그 주장의 진위는 시간과 공간을 초월한다. 이와는 달리 언제나 해석의 여지를 남기는 어떤 예술이나 철학적 주장은 시공간을 초월하는 보편적이고 객관적인 진리로 확립되지 않는다. 따라서 완전히 부정되지도 않고 다른 예술과 철학을 완전히 부정하지도 못한다. 예를 들어 우리는 21세기 철학이 있으니 플라톤이나 공자의 철학을 잊어도 좋다고 말하지 않는다. 이는 과학의 배중률적 특징과는 다른 특성이다. 서로 다른 두 개의 과학 이론이 있다면 둘 중 하나는 틀린 것이다. 이 세상에 두 개의, 옳지만 서로 다른 과학이 존재할 수는 없다. 옳다고 증명된 과학 이론이 있으면 그와 예측이 다른 이론들은 부정되어 철저히 잊힌다. 우리는 역사적 관심에서가 아니면 천 년, 이천 년 전의 과학에 흥미가 없다. 심지어 19세기의 화학에도 관심이 없다.

과학 지식의 이러한 특징은 어떤 사람들에게는 불편한 감정을 주지만 이것이야말로 근대로의 변화를 되돌릴 수 없게 만든 특징이다. 이 특징은 한 가지 결과를 낳는다. 한 번 발명된 것은 두 번 발명될 필요가 없고 한 번 증명된 것은 두 번 증명할 필요가 없다. 그래서 우리는 지난 시대에 만들어진 과학 지식을 기반으로 해서 더 복잡한 지식을 빠르게 구성할 수 있다. 뉴턴 과학이래 지식이 누적되는 속력은 전근대 시대와는 전혀 달랐다. 공장을 통한 상품의 대량생산이나 표준화가 도입된 이후의 산업발전도 결국 뉴턴 과학의 수학적 특징을 반영한 정신에 따른 것이다.

우리는 플라톤의 철학적 결론을 맹신하면서 그 위에 철학적논리를 쌓아 올리는 일을 하지 않는다. 그런 노력은 사소한 문구해석의 변화로도 무너지는 탑을 쌓는 것이기 때문이다. 하지만과학에서 그런 일은 항상 일어난다. 과학이 추구하는 것은 분명한 수학적 원리들이다. 구구단을 써서 복잡한 계산을 할 때마다구구단이 정말 맞는지 확인하는 사람은 없다. 엄밀한 데이터에기초해서 만들어진 수학적 법칙은 자연어로 말해지는 철학적 결론과는 달리 그 의미가 명확하고 시간과 공간의 변화에 따라 달라지지 않는다고 믿어진다. 그러므로 지식의 탑이 쌓이는 속도가 전혀 다르다.

뉴턴역학의 발표 이래 분명해진 것은 인간이 해야 하는 것은 일종의 건축이라는 것이다. 복잡한 수학공식 하나를 외우면 우리는 그것의 증명에 해당하는 긴 계산을 건너뛰고 결과를 얻을 수 있다. 그러므로 우리는 그런 편리한 공식들을 증명한다. 즉 논리적으로 구성한다. 과학적 설명들도 이와 같다. 이러한 과학적 사고는 단순히 과학 이론을 만드는 일을 넘어서 사람들의 일상에서도 사용되는 근대적 사고의 핵심이 되었다. 따라서 사람들은 사회를 우리가 건설해야 할 집이나 우리가 분석하고 개선하기도 하는 기계처럼 보게 되었다. 사회는 이제 더 이상 원래 그렇게 주어진 변할 수 없는 것, 신이 만들어낸 가능한 최선의 것이 아니었다. 계몽주의 시대에는 사회계약론이 나왔고 그 시대의 마지막에 프랑스는 혁명으로 사회를 재설계하려고 했으며 유럽의 여러 나라는 통계적 자료를 통해 사회를 분석하기 시작했다.

벽돌을 쌓아서 집을 짓듯이 인간이 스스로 만든 시스템은 인간의 문제들을 빠르고 효율적으로 해결해줄 것이다. 모두가 다 농사를 짓고, 하수구를 청소하고, 신발을 만드는 게 아니다. 자본주의 시스템은 우리에게 채소를 주고 하수구 청소 서비스를 제공하며 신발도 제공한다. 인간이 만든 시스템은 인간을 위해 일할 것이고, 세상은 우리가 더 좋은 시스템을 건설해감에 따라 점점 더 좋아질 것이다. 이러한 시스템을 정의하고 유지하는 규칙은 현실적으로 법의 형태로 제도화된다. 따라서 근대화는 결국 엄격한 법치주의를 강조하게 된다.

　과학은 인간을 자연적 제약과 사회적 관행으로부터 해방시켰다. 과학기술의 힘을 통해 강력해진 인간은 자연을 어떻게 다뤄야 하는지를 알게 되었다. 우리는 더 이상 관습적 억압에 시달리지 않아도 된다. 자판기 내부의 구조를 몰라도 누구든 제대로 버튼을 누르면 상품이 나온다. 마찬가지로 정확한 기계적인 시스템이 된 사회는 우리가 그 구조를 다 몰라도 제대로 된 스위치를 누르면 우리에게 필요한 것을 가져다줄 것이다. 그 스위치를 누르는 것이 남자인지 여자인지, 인종이 무엇인지는 중요하지 않다. 지식은 힘이다. 그리고 지식은 모두에게 평등하다. 따라서 법도 모두에게 평등해야 한다. 우리가 만들 미래의 시스템은 인간을 자유롭게 만들고 평등하게 취급할 것이다. 우리는 더 많은 지식들을 찾아내고 그걸 바탕으로 근본적으로 하나의 거대한 기계인 위대한 문명을 건설할 수 있다. 이 발전은 무한히 이어질 것이다.

　이것이 근대사회가 가진 미래 비전의 핵심이다. 그것은 끝없이 강력하게 성장하는 시스템에 대한 꿈, 무한한 진보에 대한 꿈이다. 이러한 미래 비전은 자연스레 대중 교육이 가르치는 주요 메시지가 된다. 뒤집어 말하면, 이러한 미래 비전에 대한 비판과 대안 제시 없이 교육은 본질적으로 변화할 수 없고 실제로 교육은 근대화 이래 지금까지 그 핵심이 변하지 않았다.

X 근대인의 영광과 한계

과학적 사고에서 중요한 부분은 인간이 시스템을 만든다는 것이다. 그 객관적 성질 때문에 자주 잊히지만 과학적 방법은 인간을 그 핵심으로 한다. 왜냐면 자연을 관찰해서 데이터를 얻고, 그속에서 법칙을 찾아내며, 그 법칙을 기반으로 과학적 설명을 구성해내는 주체가 모두 인간이기 때문이다. 인간 없이는 과학 이론이 만들어질 수 없다. 인간이 상상력을 가지고 있어서 가설을 제시할 수 있기 때문에 이를 검증하여 과학 이론이 만들어질 수 있는 것이다. 그러므로 과학은 인간 중심적이다. 인간은 진리를 볼 수 있는 능력, 즉 이성을 가졌다. 이성 없이 우리는 아무것도 건설하고 구성할 수 없다. 더 좋은 사회를 위한 더 좋은 설계도도, 어떻게 하면 체스 게임을 이길 수 있을까에 대한 더 좋은 답도, 어떤 수학공식을 증명하는 방법도 모두 인간의 머리에서 나온다. 이것이 인간이 다른 동물들과는 확실히 다른 점이다. 이성이 인간을 영광되게 했다. 적어도 AI 기술이 발달하기 이전까지는 그랬다.

그러나 이때 우리가 중요하다고 말하는 인간은 결코 엄마 뱃속에서 나온 그대로의 자연인은 아니다. 근대에서 말하는 인간이란 어떤 인간인가를 여기서 분명히 하고 넘어가자. 과학적 사고는 글을 읽고 쓰는 능력, 심지어 어느 정도 수학을 이해하는 능력을 전제로 한다. 그런 능력이 없는 사람은 과학적 문제해결법을 실행할 수 없기 때문이다. 과학 이론이란 이 세계에 대한 데이터를 통해 세계와 우리를 이어주는 소통의 미디어로도 볼 수 있다. 일단 공식과 기계가 만들어지면 우리는 그 세부사항을 모르거나 기억하지 못해도 그걸 쓸 수 있다. 마치 복잡한 구조를 가진 자동차를 직접 만들 수 없어도 운전을 할 수 있듯이 말이다. 하나의 기계나 수학공식은 많은 양의 정보가 정확하고 단단하게 누적되어 만들어진다. 그리고 그것은 거대한 굴삭기처럼 인간의 손끝이나 머릿속에서 세상을 바꾸고 조작할 강력한 힘을 만들어낸다.

하지만 이 같은 것을 위해서는 상당한 교육이 필요하다. 근대사회의 인간은 전근대사회의 인간과 다르고 선사 시대의 인간과는 더욱 다르다. 선사 시대에는 문자 없이 구술문화 속에서 소통했다. 그러나 근대사회에서는 문맹이어서는 곤란하다. 신문과 책을 읽을 수 있어야 하고, 수학과 과학을 어느 정도 알아야 한다. 근대사회에서는 이러한 개인들이 새로운 미디어와 새로운 지식을 활용해 서로 소통한다. 소통의 방식이 바뀌자 사람들은 인간과 세상에 대해서 이전에는 얻을 수 없었던 정보를 얻을 수 있게 되었고, 대부분의 사람들이 문맹이었던 전근대사회와는 전혀 다른 문화를 만들어냈다. 과학적 사고의 발전은 과학을 넘어 정치적 경제적 변화를 일으켰으며, 자유주의 사상도 이런 기초가 있었기에 설득력을 가질 수 있었다.

눈부신 과거의 성취에도 불구하고 오늘날 근대의 미래 비전은 설득력이 약해졌다. 우리는 발전의 한계에 이른 것을 느끼며, 이는 동시에 인본주의가 위기에 처했다는 것을 의미한다. 과학적 사고, 나아가 그것을 핵심으로 하는 근대적 사고가 구성에 관련된 것이라는 것은 좋은 결과만 가져오지 않는다. 인간이 구성한 시스템이 거대해지면 그 시스템을 근본적으로 재구성하는 일은 점점 더 비현실적인 일이 된다. 그 시스템은 오랜 노력 끝에 쌓아 올린 탑이기 때문이다.

《과학혁명의 구조》를 쓴 토머스 쿤은 과학은 점점 더 높은 탑을 쌓는 것처럼 선형적으로 발전하지 않고, 패러다임의 변화를 겪으면서 단계적으로 발전한다고 지적했다. 온갖 과학적 설명들을 만들어낸 후에는 과학적으로 설명을 구성할 수 없는 현상이 발견되어도 과학자들은 쉽사리 그들의 과학을 기초부터 수정하지 못한다. 그러기에는 우리가 정상과학이라고 부르는 이미 쌓아 올린 과학 지식의 시스템이 너무 거대하기 때문이다. 그러나 과학은 엄밀한 데이터에 기초하며 수많은 사람들이 검증하는 것이다. 따라서 매우 혁신적이다. 기존의 과학으로 설명할 수 없는 데이터가 증가함에 따라 결국 어느 순간 정상과학이라고 불리던 기존의 과학은 포기되고 새로운 자연법칙에 기초한 과학이 등장해서 옛 과학을 대체한다. 고전역학이 프톨레마이오스의 천문학을 대체하고 상대성이론과 양자역학이 고전역학을 대체했듯이 말이다.

문제는 과학적 사고가 과학의 범위를 넘어서 전개되었고, 그런 분야의 시스템은 과학의 시스템보다 바꾸기가 더 어렵다는 점이다. 예를 들어 경제 시스템을 점점 더 복잡하고 거대하게 쌓아 올렸다고 하자. 우리는 그 시스템을 기초부터 바꿀 수 있을까? 설사 그 경제 시스템이 주기적으로 파산해서 수많은 사람들에게 고통을 준다고 하더라도 그것은 어려운 일이다. 변화는 표면적일 것이다. 왜냐면 너무나 많은 제도뿐만이 아니라 사람들도 바꿔야 하기 때문이다. 이미 많은 사람들이 그 시스템 안에서 교육받았으며, 직업을 갖고 사회적 관계를 맺으며 살아가고 있기 때문에 그 시스템을 뿌리부터 바꾼다는 것은 상상하기 어렵다. 적어도 민주적 지지로 쉽게 일어날 일이 아니다. 인간은 방정식이 아니다. 뉴턴역학을 양자역학으로 바꾸는 것은 종이 위의 방정식이 바뀌는 것이지만 거대하게 구성된 자본주의 시스템을 원천적으로 바꾼다는 것은 거의 불가능에 가깝다. 따라서 근대 사회는 기본적으로 점점 보수적이 될 수밖에 없다.

시간이 지남에 따라 이 보수성은 문제를 일으킨다. 전근대의 질서를 파괴하면서 성장한 것이 근대의 질서이지만 이제 인간은 거꾸로 자기가 만든 근대적 시스템에 억압된다. 그 시스템은 처음에는 인간을 자유롭게 만들고 번영하게 하기 위한 것이었다. 하지만 어떤 시스템이건 시스템은 더 많은 일을 해내기 위해서 혹은 사람들의 비판에 대응하기 위해서 점점 더 커지고 복잡해지는 경향이 있다.

거대해진 시스템은 현실과 맞지 않는 부분이 생겨서 사람들을 억압하게 되어도 개혁하기가 어렵다. 사회 전체는커녕 물류 시스템이나 대학입시 시스템 혹은 사법 시스템이나 의료 시스템을 개혁하는 일만 해도 얼마나 어려운가. 우리는 우리가 만든 시스템 때문에 고통당하면서도 그것을 고치지 못한다.

어려워지는 것은 개혁뿐만이 아니다. 현대사회 속의 시스템들은 인간이 조작하기조차 어렵다. 세상은 인간이 기억하고 조작하기에는 버튼이 너무 많은 기계처럼 변했다. 인간을 위한 법인데 법이 너무 복잡하고, 인간을 위한 교육 시스템과 의료 시스템인데 그 역시 너무 복잡하다.

지식이 너무 많기 때문에 생겨난 것이 전문화다. 이제 누구도 모든 걸 공부할 수 없기 때문에 사람들은 분야를 나눠서 그 분야만 공부한다. 그래도 공부할 것은 너무 많다. 그래서 우리는 전문적인 질문이 생기면 전문가들에게 의존한다. 항공기를 만드는 법에서 케이크를 만드는 일까지 현대사회는 전문가가 아니면 말할 수 없는 일로 가득하다. 그런데 그렇게 전문화하면서 잃어버린 것은 없을까? 그리고 그렇게 전문화된 지식은 어떻게 다시 통합될 수 있을까? 물리학자와 화가가 만나서 국가의 예산 배분을 논한다면 서로의 분야를 모르는 두 사람은 예산을 어떻게 나눠야 할까? 댐을 건설하려면 경제적 역사적 사회적 공학적 측면 등 여러 전문 평가가 필요한데 각각의 전문가들은 어떻게 의견을 통합할까? 게다가 사회가 이렇게 전문화되었는데 정치인을 뽑는 투표는 이대로 괜찮을까? 물리학자나 화가를 일반인들이 투표로 뽑지는 않는다. 핵무기를 만드는 법을 투표로 결정하지는 않는다. 그런데 어떻게 정치인은 일반인 투표로 뽑을 수 있다는 것일까? 정치인들은 전문적인 분야와 무관하다고 생각하는 것일까? 그런데 어떤 정책이 옳은지 판단하는 것이 오늘날 사회에서 쉬운 일일까?

복잡해진 세상에서 사람들의 시야는 점점 더 좁아진다. 어차피 근본적인 개혁은 불가능하게 느껴지기 때문이다. 그토록 자유를 강조하는 근대사회지만 이렇게 말고 다르게 살아보자는 대안적 삶에 대한 의지는 시작도 할 수 없을 만큼 억압당한다. 누군가 특정인이 억압하기 때문이 아니라 사회 자체가 개인들이 감당할 수 없는 거대한 크기로 억압하기 때문이다. 현재에 만족하지 못하면 지금과는 다른 미래가 올 거라는 희망은 아주 작게 느껴진다. 미래에는 지금보다 시스템이 더 복잡해질 거라는 생각은 들지만, 그것이 더 행복한 시대일 거라는 기대는 별로 들지 않는다. 마치 계속 개혁되는 대학입시 제도가 손을 댈 수 없을 정도로 복잡해졌지만 지금보다 훨씬 단순했던 40년 전보다 더 좋은 것도 아닌 것처럼 느껴지듯이 말이다.

　이런 세상에서 인간이 자유롭고 평등하고 행복하게 살아가는 일은 매우 어려워졌다. 한때는 인간을 해방시킨 시스템이 이제는 인간을 억압한다.

Ⅹ 뉴턴의 이해 불가능한 이론

언어학자이자 철학자인 노엄 촘스키의《인간이란 어떤 존재인가》에 따르면 뉴턴의 이론은 당대에는 지금 우리가 아는 것과는 매우 다르게 받아들여졌다. 뉴턴역학은 그 자체도 놀랍지만, 이 세상에 대해서 매우 놀라운 것을 보여주었고 따라서 받아들여지기 어려웠다. 하지만 시간이 지난 오늘날 사람들은 그런 과거를 다 잊었을 뿐만 아니라 뉴턴역학이 어떤 것이었는지에 대해서 거꾸로 기억하고 있는 경우가 많다.

문제의 핵심은, 뉴턴역학이 발표되었을 당시 사람들은 기계철학을 당연시했다는 것이다. 당시의 기계란 물론 전자제품이 아니다. 그것은 신비한 힘이 아니라 직접적인 접촉을 통해 상호작용하는 기어나 지렛대 같은 구성요소로 이뤄져 있었다. 기계철학에 따르면 우리가 사는 세계도 초숙련공(신)에 의해 만들어진 기계로 이해될 수 있다. 기계철학에서 어떤 것을 이해한다는 것은 그것을 기계 부품들의 상호작용을 통해 설명할 수 있다는 뜻이었고, 그래서 적절한 인공장치를 통해 복제할 수 있다는 뜻이었다. 예를 들어 심장을 기계적으로 이해한다는 것은 심장을 기계 부품으로 이뤄진 기계로 이해한다는 뜻이다. 이 시대를 살았던 뉴턴도 이해란 이런 것이라고 믿었다. 기계철학은 그냥 등장한 것이 아니라 그 이전에 있었던 신스콜라 학파의 초자연적인 설명들을 대체하기 위한 것이었다. 신스콜라 학파는 세계를 설명하기 위해 신비로운 힘들에 의존했고, 지각은 물질인지 아닌지 알 수 없는 '형상'이라는 것이 공간을 통해 우리에게 전달됨으로서 일어난다고 주장했다.

그런데 데카르트는 인간이 언어를 창조적으로 사용하며, 결코 주어진 상황에 따라서 기계적으로 쓰는 것이 아니라고 지적했다. 우리의 말은 상황에 의해서 촉발되기는 하지만 상황이 기계적으로 우리의 말을 결정하는 것은 아니다. 그러므로 언어를 창조적으로 사용하는 인간의 마음은 기계가 아니다. 데카르트는 기계적으로 이해할 수 있는 물질과 그럴 수 없는 인간의 마음은 서로 다른 존재로 봐야 한다는 심신이원론을 제시한다. 이 세계에는 기계철학으로 이해될 수 없는 res cogitans(생각하는 것)와 이해될 수 있는 res extensa(연장된 것)가 존재한다는 것이다.

그리고 여기서 뉴턴이 등장한다. 오늘날 뉴턴은 신비주의를 배격하고 유물론적인 세계관을 정착시킨 사람으로 흔히 이해되지만 그것은 실제 역사와는 반대되는 측면이 있다. 뉴턴이 그의 과학을 발표했을 때 하위헌스나 라이프니츠 같은 동시대 과학자들은 그가 신스콜라 학파의 경멸받는 초자연적인 속성을 다시 들여왔다고 비판했으며 심지어 뉴턴도 이를 인정했다고 한다. 여기서 말하는 초자연적인 속성이란 접촉 없는 상호작용 혹은 원격 작용으로, 중력을 말한다. 중력은 두 물질 사이에서 직접적인 접촉이 없이 작용하는 힘이다. 뉴턴은 자신이 뉴턴역학을 발표했음에도 불구하고 "원격 작용을 너무나 큰 부조리"로 여겼고, "철학적 문제에서 적절한 사고 능력을 가진 사람이라면 누구도 그것에 빠질 수 없을 것이라고 믿었"다.

즉 뉴턴의 시대에 중력은 믿을 수 없는 현상이었던 것이다. 물질에 대한 뉴턴역학을 받아들이는 일은 당대의 정상과학이었던 기계철학과 심신이원론을 포기하는 일이었다. 데카르트가 말한 심신이원론의 핵심은 인간의 정신과 달리 물질은 기계철학적으로 이해 가능하다는 것이었다. 그런데 물질도 정신처럼 기계적으로는 이해 불가능한 성질인 중력을 가진다는 것이 뉴턴역학이었다. 심신이원론은 뉴턴에 의해서 파산했다. 그러나 이 파산은 많은 현대인들이 생각하는 것과는 다르다. 오늘날 많은 사람들은 뉴턴역학이 유령과 같은 정신을 사라지게 하고 물질을 남겼다고 생각한다. 세상은 물질로 이뤄져 있다고 믿기 때문이다. 하지만 뉴턴역학이 심신이원론에서 사라지게 만든 것은 오히려 물질이었다. 기계철학적으로 이해할 수 없는 것은 정신뿐만 아니라 물질도 마찬가지였기 때문에 통합은 정신 쪽으로 일어난 것이다. 결국 세상은 이해할 수 없는 것들로 이뤄져 있었다. 이 사실은 지금도 마찬가지다. 우리는 언제나 이해할 수 없는 것을 받아들이고 그걸 기반으로 해서 생각하기 시작한다. 뉴턴역학은 이것을 아주 명확하게 보여주었다. 뉴턴역학에서는 이해할 수 없는 자연법칙을 일단 받아들인다. 그리고 그것을 기반으로, 이해할 수 있는 과학적 설명을 수학적으로 만들어낸다.

이렇게 중력법칙과 같은 자연법칙이 이해 불가능한 것이라는 사실은 당대의 사람들에게 뉴턴역학이 가지는 아주 중요한 특징이었다. 그것은 20세기에 발표되었던 상대성이론이나 양자역학이 일으킨 소동보다 더 큰 소동을 일으켰던 셈이다. 뉴턴이 관찰 결과에서 찾아낸 중력법칙이라는 자연법칙은 당대의 사람들에게 마법처럼 느껴졌고 그들의 상식으로는 받아들이기 힘든 것이었다. 물질은 그렇게 이해할 수 없는 성질을 가져서는 안 되는 것이었다. 이에 비하면 상대성이론이나 양자역학이 발표될 때에는 과학 이론이 이런 성질을 가진다는 것이 이미 받아들여지고 있었다. 그래서 《물리법칙의 특성》을 쓴 노벨 물리학상 수상자 리처드 파인만은 양자역학이나 상대성이론 같은 후대의 물리학 이론들을 더 새로운 이론일 뿐 더 근대적인 이론은 아니라고 말한 것이다. 결국 그 형식은 뉴턴역학을 따르고 있기 때문이다.

로크와 흄은 뉴턴역학의 이러한 특징을 종교적 인식론적 관점에서 높이 평가했다. 그들은 세상에는 자연 현상의 궁극적 원인이나 작동 방식과 같이 인간의 이해 범위를 벗어나는 영역이 존재한다는 것을 뉴턴이 입증했다고 보았다. 이것은 그들에게 신

이 존재한다는 것을 알려주는 것이거나 인간의 인식 능력의 한
계를 보여주는 증거였다. 하지만 당대의 많은 과학자들은 이러
한 '이해 불가능성'을 과학의 결함으로 간주하고 뉴턴역학을 비
판했다. 접촉 없이 작용하는 힘이란 그들에게는 설명할 수 없는
경이였기 때문이다.

Ⅹ 잊힌 경이

　마법 같은 뉴턴역학은 왜 받아들여졌을까? 전근대의 마술 같은 힘과는 무엇이 달랐던 것일까? 그 답은 분명하다. 뉴턴역학이 수학적 원리를 통해서 정확히 예측하고 설명하는 능력을 보였기 때문이다. 과학 이론이 정확하게 측정된 데이터를 통해서 검증된다는 사실은 아무리 강조해도 지나치지 않다. 말하자면 측정을 통해 반복적으로 검증된 법칙은 그것이 아무리 믿기 힘든 것이고 우리의 감각을 넘어서는 것이라도 믿을 수밖에 없다. 예를 들어 우리는 지구가 자전하는 것을 몸으로 느끼지 못한다. 우리 눈으로 보기에는 역시 태양이 지구 주변을 도는 것 같다. 그래도 우리는 지구가 자전한다고 믿는다. 더 많은 데이터로 검증된 과학이 그렇게 말해주고 있기 때문이다.

　한때는 경이로운 주장이었고 그래서 받아들여지기 어려웠던 뉴턴역학이 일단 받아들여지자 많은 것이 바뀌었고 많은 것이 잊혔다. 사람들은 이제 중력을 포함한 자연법칙들이 이해할 수 없는 것이라는 사실에 놀라거나 그것을 마법 같은 것으로 여기지 않는다. 우리는 물질이 인간이 이해할 수 없는 성질을 가졌다는 것을 당연하게 받아들인다. 그리고 그 자연법칙들에 기반해서 과학적 논리적 설명을 구성하는 일이 사람들의 주요한 관심사가 되었다. 뉴턴역학이란 본래 믿기 힘든 자연법칙에 관한 것이었는데, 사람들은 어느새 스스로 만들어내는 이해할 수 있는 과학적 설명에 더 많이 주목하게 된 것이다.

이러한 과정은 지나치게 진행되어 이제 우리는 인간의 한계나 자연의 경이에 대해서 거의 잊어버렸고, 인간이 만들어낸 이론, 시스템, 공식들에 더 관심을 집중하고 있다. 사람들은 과학이 모든 문제를 해결할 수 있다고 믿거나 인간이 이 세계에 대해 모르는 것이 아무것도 없다는 생각을 하기도 한다. 자신이 만든 시스템의 설명을 맹신하는 태도는 과학 이론을 만드는 데도 해롭지만 과학적 사고가 일상에서 작동할 때는 특히 해롭다. 앞에서 말했듯이 과학은 수많은 사람들과 반복된 관찰에 의해 엄밀하게 검증되는 것이다. 반면에 일상에서 작동하는 과학적 사고가 만들어내는 주장이나 결론은 엄밀하게 말해 과학이 아니다. 그런데도 그 결과를 맹신하면 자기가 모든 것을 다 알고 있다고 생각하게 된다. 자신이 뭔가 설명할 수 없는 것을 그냥 받아들였다는 사실을 잊어버렸기 때문이다.

뉴턴역학 이래 이해한다는 것의 의미는 완전히 바뀌었다. 우리는 이제 확고한 진리를 발견하는 것을 이해라고 하지 않는다.

우리는 언제나 이해할 수 없는 것에서 출발해야 한다. 오늘날 우리는 종종 이해한다는 것을 어떤 수학 정리의 증명 같이 논리적 구조를 파악하는 것으로 생각한다.

이에 따르면 우리는 일단 어떤 공리 같은 의심할 수 없는 사실을 사고의 출발점으로 받아들인다. 그리고 그것들을 기반으로 해서 논리적인 설명을 구성해낸다. 그런 설명을 듣거나 스스로 찾아내면 우리는 그것을 이해한 것이라고 말한다. 비록 우리가 처음의 출발점으로 삼은 것에 대한 설명은 여전히 없다고 해도 말이다. 물론 이것이 이해의 유일한 뜻은 아니다. 나중에 말하겠지만 확률적 사고는 다른 종류의 이해를 더 중요하게 생각한다.

오늘날 우리는 다시 한번 인간의 한계와 기술에 대한 경이를 느끼고 있다. 과학적인 의미의 이해가 불가능한 AI가 속속 등장하고 있기 때문이다. AI는 대량의 데이터를 기반으로 컴퓨터 최적화를 통해서 만들어진 것이기 때문에, AI 개발자도 자신이 개발한 AI를 과학자가 자신의 과학 이론을 이해하듯 이해할 수는 없다. 이런 의미에서 AI는 만들어지는 것이 아니라 발견된다고 해야 옳다.

사람들은 이해할 수 없는 AI를 보면서 당황하기도 하고 두려워하기도 한다. 마치 이전에는 우리가 인간의 한계나 세계에 대한 경이를 느꼈던 적이 전혀 없었다는 듯 말이다. 그러나 과학을 포함해서 인간 문명은 언제나 처음에는 경이로운 것이었고, 그것을 이해할 수 없다는 사실이 사람들을 당황하게 만들었다. 다만 시간이 흐름에 따라 익숙해지면서 당연한 것으로 받아들여졌을 뿐이다.

17세기 이래 과학혁명과 산업혁명을 거치며 인간의 문명이 크게 발전한 것은 인간의 한계에 대한 자각과 우리가 발견할 수 있는 법칙에 대한 경이 때문이다. 그와 함께 새로운 가능성이 열렸고 사람들은 과학적 사고로 무장하고 새로운 지식의 광산을 파고들어갔다. 그리고 몇 백 년 만에 우리는 17세기의 사람들이라면 마법으로 여길 일을 일상적으로 하면서 살게 되었다. 지구 반대편에 있는 사람과 실시간으로 화상통화를 하고 집안을 돌아다니는 자동청소로봇을 쓰는 것, 집보다 더 큰 비행기가 하늘을 날아다니는 것이 그런 일이다.

AI가 만들어갈 세상은 우리에게 마법 같은 일이 다시 한번 벌어지는 세상이다. AI라는 새로운 가능성이 열리자 많은 사람들은 AI가 해낼 수 있는 일을 부지런히 찾고 있다. AI는 얼마 지나지 않아 우리 생활 속에 깊이 침투할 것이고 무엇보다 인간을 변화시킬 것이다. AI 시대가 지금과 크게 다를 수밖에 없는 것은, 그때의 사회는 지금의 사회를 채우고 있는 인간과는 다른 존재로 채워질 것이기 때문이다. 그것은 AI로 무장한 인간, 기업화된 인간이다. 이제 AI가 어떻게 세상을 바꿔갈 것인가에 대해 좀 더 구체적으로 생각해볼 때가 되었다.

2장

AI 시대, 새로운 협업과 연결의 시대

✗ AI는 소통을 위한 것이다

AI는 지능을 가진 블랙박스나 인간을 대체하는 기계 등으로 생각되는 일이 많다. 이런 말들은 완전히 틀리기만 한 것은 아니지만 AI를 이해하기 위해서 바람직하지는 않다. 왜냐면 이 같은 표현들은 AI를 둘러싼 환경과 특정한 AI가 푸는 문제를 망각하게 하고 AI가 얼마나 많이 그것들에게 의존하는지를 잊게 만들기 때문이다.

특정한 AI는 특정한 환경 속에서 특정한 문제를 풀기 위해 만들어지는 것이다. 예를 들어 문자 인식(OCR)은 수없이 많이 존재하는 문서와 책들을 스캔하여 디지털화할 수 있어야 한다는 필요에 의해서 발달한 AI다. 이 기술이 없었다면 도서관의 책들을 사람이 일일이 타이핑해야 디지털 데이터로 전환할 수 있었을 것이다. 결국 우리가 읽어야 할 책과 문서 등의 자료가 너무 많다는 사실이 문자인식 AI를 쓸모 있게 만든다. 세상에 책이 열 권 정도밖에 없다면 AI 기술이 필요 없다. 길을 찾는 AI라고 할 수 있는 내비도 길이 너무 많고 복잡하니까 필요한 것이다. 몇 명 살지 않는 좁은 마을에서만 지낸다면 내비가 필요 없다. 복잡한 환경이 문제를 만들고 문제가 있으니까 그걸 해결하는 AI도 있는 것이다.

문제와 환경의 중요성을 잊지 않게끔 AI를 표현하는 말이 있을까? AI를 문자나 언어 같은 소통을 위한 미디어라고 말할 때 그럴 수 있을 것이다. AI는 우리로 하여금 더 넓은 세상 그리고 더 많은 사람과 새로운 방식으로 소통할 수 있게 해준다. AI란 어떤 시스템에 대해서 그 시스템이 생산한 데이터를 기반으로 규칙을 찾아낸 것이다. 이것은 과학자가 자연에 대한 데이터 속에서 자연법칙을 찾아낸 것과 같다(이에 대한 보다 자세한 소개는 부록 1을 참고하라). 과학 이론이 인간과 세계와의 소통을 돕듯 AI는 AI 사용자와 데이터를 생산하는 시스템과의 소통을 돕는다. 그리고 그 과정에서 사용자가 그 시스템을 지능적으로 사용할 수 있게 한다. 즉 사용자의 지능을 늘려준다.

예를 들어보자. AI는 앞으로 컴퓨터를 지금과는 전혀 다른 기계로 바꿀 것이다. 컴퓨터 프로그램 데이터를 학습한 AI는 인간의 말을 듣고 인간이 원하는 일을 하는 프로그램을 짜서 컴퓨터에게 그 일을 시킬 수 있다. 이미 챗GPT나 클로드 같은 LLM(Large Language Model, 자연어 처리 AI)들은 프로그래밍 능력이 굉장히 좋아졌다. 우리는 이런 AI들이 하는 일을 사람과 컴퓨터 하드웨어 시스템 간의 소통을 돕는 일이라고 말할 수 있을 것이다.

본래 컴퓨터는 인간이 적절한 프로그램을 제공한다면 무한한 가능성을 가지고 일을 할 수 있는 기계다. 그런데 누구나 컴퓨터에게 적절한 프로그램을 제공할 수 있는 것은 아니다. 그래서 대부분의 사람들은 인간 전문가인 프로그래머가 만든 프로그램을 써서 자기 컴퓨터에게 일을 시킨다. 이건 마치 한국어만을 아는 내가 프랑스어만을 아는 사람과 소통하기 위해서 중간에 번역자를 세우는 것과 같다. 당연히 번역은 소통에 왜곡을 가져오고 소통의 양을 제한한다. 그 번역을 인간이 하니 비싸고 느리다. 단순한 작업을 시키려 해도 이를 수행할 프로그램을 찾아봐야 하고, 찾더라도 유료이거나 원하지 않는 작업들까지 잔뜩 포함되어 있는 거대한 프로그램인 경우가 많다. 이래서는 컴퓨터에게 그때그때 빠르게 내가 원하는 것을 시킬 수가 없다. 직접 프로그래밍을 할 수 있다고 해도 노력과 시간이 든다.

　우리가 컴퓨터를 사용하는 방법은 크게 변화하고 있다. 내 개인적인 예를 들어보자. 하루는 맥에 저장된 아이폰의 백업파일에서 사진파일들을 추출해서 따로 저장하고 싶었던 일이 있었다. 그걸 해주는 프로그램을 찾아보니 가격이 5만 원이나 했다. 그래서 AI에게 해달라고 부탁하니 바로 프로그램을 짜서 사진파일을 빼내고 저장해주었다. 불과 1분 정도의 대화면 그런 프로그램이 만들어지고 실행된다. 나는 프로그램을 살 필요도 프로그래밍을 직접 할 필요도 없다. 프로그래밍도 AI가 하고 실행도 AI가 한다. 앞으로 AI가 수없이 많은 코드를 생산하고 배포하게 되면 우리가 컴퓨터를 쓰는 방식은 크게 변화할 것이다. 나는 어딘가에서 AI가 날 위해 프로그램을 짜고 있다는 사실도 인식하지 못하게 될 것이다. 단지 내가 원하는 것을 AI에게 말하면 내 컴퓨터가 그 일을 한다고 느낄 뿐일 것이다. 꼭 필요한 경우가 아니면 어떤 코드를 썼는지 확인할 일도 없을 것이다. 자동차를 운전할 때 정확히 엔진이 어떻게 작동하는지 모르고도 운전을 하듯이 말이다.

의료나 법률 시스템에 대한 데이터를 기반으로 만들어진 AI는 개인이 다루기에는 매우 복잡해진 의료 시스템이나 법률 시스템과 소통하는 것을 도울 것이다. AI를 쓰면 지식이 없는 일반인들도 자신들의 목적을 달성하기 위해서 의료 시스템이나 법률 시스템을 어떻게 조작해야 하는지를 알게 된다. 이것은 마치 바둑을 두지 못하는 사람이 알파고 같은 바둑 AI를 이용해서 프로 바둑기사처럼 바둑을 두는 것과 같다.

AI는 인간과 소프트웨어 간의 소통도 더 쉽게 만들 수 있다. 2025년에 발표된 OpenAI의 오퍼레이터(operator)나 2024년에 나온 클로드의 컴퓨터 유즈(compter use)는 컴퓨터를 실제로 사람이 하는 것처럼 조작해서 일을 처리할 수 있다. 예를 들어 쇼핑 사이트에 들어가서 원하는 물건을 검색하고 주문하는 일을 대신 해줄 수 있다. 이것은 인간이 직접 소프트웨어를 조작하는 대신 AI에게 원하는 것을 말하면 AI가 소프트웨어를 조작해서 일을 하는 형태다.

인간만 AI를 통해서 어떤 시스템과 소통하거나 그것을 제어할 수 있는 것은 아니다. 일반적으로는, 인간뿐만 아니라 어떤 시스템도 AI를 통해서 다른 시스템과 소통하고 그것을 제어할 수 있다. 휴머노이드 로봇이 자기 주변환경과 소통하는 경우, 자율주행 자동차가 주행환경과 소통하는 경우처럼 말이다. 좀 무섭게 들릴 수도 있지만 소통과 제어의 대상이 인간일 수도 있다. 인간에 대한 데이터를 모아 만든 AI를 로봇에 적용할 경우, 이 AI는 로봇이 인간과 소통하고 인간을 제어하는 데 사용된다고 볼 수 있다. 이런 AI는 개인에 대한 정보를 바탕으로 맞춤형으로 행동하는 AI라고 선전되지만 어떤 의미에서는 나를 조종하는 AI다. 본래 이 두 행동은 명확히 구분되는 것은 아니다. 내 마음을 잘 알고 나를 잘 돌봐주는 비서는 어느 정도 나를 조종하는 비서라고 할 수 있다.

AI가 AI를 쓸 수도 있다. 사람들은 거대한 돈을 들여서 만든 챗GPT 같은 AI의 능력에 감탄하지만 사실 어떤 LLM도 바둑 전문 AI를 바둑으로 이길 수는 없다. 챗GPT는 아주 간단한 체스 프로그램도 체스로 이기지 못한다. 그 목적을 위해 만들어진 AI가 아니기 때문이다. 그러니까 하나의 뛰어난 지능을 지닌 슈퍼 AI가 세상의 모든 문제에 대해 가장 뛰어난 답을 줄 수 있다는 주장은 지금도 미래에도 사실이 아니다. 그러나 챗GPT 같은 AI는 인간이 그렇게 하듯이 바둑을 두는 AI를 사용하는 법을 익힐 수 있다. 그러면 간단하고 당연한 이유로 챗GPT도 바둑을 잘 둘 수 있다. 이 소통의 능력으로 챗GPT는 여러 가지 능력을 간단히 손에 넣을 수 있다. 결국 AI 시대에 중요한 것은 연결이고 소통이다. 이 점을 꼭 기억해야 한다. 이것은 인간에게도 사실이기 때문이다.

이러한 AI의 미디어로서의 기능은 근대사회의 핵심적인 문제를 정확히 향하고 있다. 즉 AI는 인간이 처리할 수 없을 정도로 방대한 데이터를 생산하는 현대사회의 시스템과 인간 사이에 서서 정보를 처리하고 그 시스템을 제어할 수 있게 해준다.

✗ 소통이 바뀌면 세상이 바뀐다

소통 방식의 변화는 세상을 바꿀 큰 힘을 가지고 있다. 그래서 AI가 소통의 미디어라는 것을 기억하는 것이 더욱 중요하다. 고도로 발전한 인간 문명의 출현 자체가 구술언어에서 문자언어로 소통 방식이 변화해서 일어난 일이다. 여기서는 최근에 일어난 몇 가지 소통 방식의 변화들의 예와 함께 그러한 변화가 세상을 어떻게 바꾸는지를 생각해보자. 다음 절에는 이것의 연장선상에서 AI가 가까운 미래에 소통을 어떻게 바꾸는지를 보다 구체적으로 설명할 것이다.

우리는 흔히 챗GPT나 클로드 같은 요즘 AI들을 인간 프로그래머를 대체하는 기계로 여기곤 한다. 물론 그것은 사실이지만 우리는 그것에만 눈이 팔려서는 안 된다. 그보다 우리는 컴퓨터와 인간이 소통하는 방식이 변화한다는 사실에 더 주목해야 한다.

이제까지 인간이 컴퓨터와 소통하고 싶을 때는 대개 프로그래머라는 전문가에게 의지하는 방법밖에는 없었다. 그래서 컴퓨터의 일 처리 능력이 인간의 한계에 영향을 받을 수밖에 없었다. 그러나 이 소통의 방식이 달라질 때 전체 소통의 양과 질은 크게 달라진다. 이에 따라 컴퓨터의 의미도 크게 달라질 것이다.

우리는 이것을 자동전화교환기가 전화기의 의미를 크게 바꿨던 사건을 통해서 이해할 수 있다. 전화기가 나왔던 초기에는 인간 교환수가 전화를 연결했다. 그리고 자동교환기가 나오자 인간 교환수들은 기계로 대체되었다. 하지만 이 사건의 가장 큰 의미는 인간 교환수가 직업을 잃었다는 것이 아니다. 전화기가 우리가 알고 있는 진짜 전화기가 되었다는 것이다. 인간 교환수가 연결해줄 수 있는 전화 통화량은 지극히 제한적이었기 때문에, 자동교환기 없이 전화기는 지금 우리가 쓰고 있는 전화기처럼 강력한 힘을 발휘할 수 없었다. 전화기 자체는 그대로이지만 자동교환기가 있는 세상의 전화기는 전과 같지 않았다. 그리고 물론 전화는 세상을 바꿔왔다. 전화가 세상을 얼마나 바꾸어왔는지를 생각할 때 자동전화교환기의 도입을 인간 교환수들의 실직을 중심으로 이해하는 것은, 인터넷의 도입을 손으로 쓴 편지가 경쟁력을 잃은 사건으로 이해하는 것만큼이나 중심에서 벗어나 있다. 연결이 세상을 바꾼다. 소통 방식의 변화는 소통되는 대상들의 의미를 아주 크게 바꿀 수 있다.

소통의 방식이 바뀐다는 것은 반드시 속도의 변화만을 의미하지 않는다. 형식이 바뀌는 것도 매우 중요하다. 우리는 이것을 앞에서 말했던 구술문화가 문자문화로 전환된 사건에서도 알 수 있지만 SNS나 메신저 프로그램을 통해서 전송되는 사진들을 통해서도 알 수 있다.

인간과 인간의 소통은 그냥 이뤄지지 않는다. 어떤 미디어가 필요하다. 세상에는 얼굴 표정이나 목소리 톤처럼 인간의 오감을 쓰는 소통도 있지만 글이나 말로 행해지는 소통도 있다. 이렇게 여러 가지 정보 채널이 있을 때 사람들의 소통 능력은 상황에 따라 달라진다. 전화가 없던 시절에는 말을 잘하는 사람도 멀리 있는 사람에게 소식을 전하려면 글을 쓰는 수밖에 없었다. 만약 글자를 모른다면 아예 소통이 불가능하다. 글자를 안다고 해도 마찬가지다. 누구나 멋진 말로 오늘 점심에 갔던 커피숍을 설명하거나 멋진 블로그 소개글을 쓸 수 있는 것은 아니다. 경험의 차이도 있지만 말하기나 글쓰기의 재능이 저마다 다르기 때문이다. 그래서 스마트폰으로 사진을 찍어 SNS나 메신저 프로그램으로 전송하는 기술은 말하기나 글쓰기가 어려운 사람에게 해방이었다.

오늘날 가게의 성공조건 중 하나는 사진에서 예쁘게 나오는가 하는 것이다. 스마트폰의 보급 이래 사람들은 엄청난 양의 사진을 찍고 있다. 이것은 좀 과장해서 말하면 장애인들에게 소통할 도구를 준 것이다. 말과 글 중심의 소통에서 소외되던 사람들이 자기를 표현하고 타인과 소통할 방법을 갖게 되었기 때문이다. 사람과 사람이 소통하는 새로운 방식이 나온 것이다. 이제 아름다운 꽃의 모습을 설명하거나 기록으로 남기기 위해 시인이 될 필요는 없다. 그리고 이러한 변화는 새로운 문화를 만들어내고 사람들을 새로운 방식으로 연결했다.

세상을 바꾼 소통 방식의 혁신을 이야기할 때 인터넷을 빼놓을 수 없다. 인터넷은 전자 상거래, 공유경제 산업 등 많은 분야에서 새로운 부자 회사들을 만들었다. 이 역시 사람과 사람이, 사람과 회사가 연결되는 새로운 방식이 나왔기 때문에 가능했다. 그리고 소통의 방식이 달라지면 같은 서비스도 의미가 크게 달라진다. 영화 DVD를 우편으로 배달해주던 넷플릭스가 글로벌한 OTT 회사가 되어서 세계적인 부자 회사가 되고 직접 콘텐츠까지 만들게 된 것도 인터넷을 통해서 동영상이 전달될 수 있기 때문이다. 인터넷 보급 이래 초연결 사회가 만들어온 사업들은 다음과 같다.

- 전자 상거래 (아마존, 쿠팡, 알리)
- 공유경제(에어비앤비, 우버)
- 스트리밍 서비스 (넷플릭스, 스포티파이, 유튜브)
- 핀테크 사업 (모바일 결제, 크라우드 펀딩, 가상화폐)
- SNS (페이스북, 트위터, 인스타그램)
- 온라인 교육 (코세라, 칸아카데미)

AI를 인간을 대체할 기계라든가 지능을 가진 블랙박스라는 식으로 이해하는 것은 AI가 소통의 도구라는 것을 간과하게 만든다.

AI를 통한 소통이 얼마나 빠르고 다양하게 행해질 수 있는가를 이해하는 것은 AI가 앞으로 만들어낼 변화를 이해하는 데에 핵심적이다.

✗ AI 에이전트의 시대

    이제는 AI가 소통의 방식을 앞으로 어떻게 바꿀 것인가에 대해서 말해보자. AI가 우리의 소통 방식을 바꾼 시대를 AI 에이전트의 시대라고 말할 수 있을 것이다. 우리는 아직 그 시대에 도달하지 못했다. 왜 아직 도달하지 못했는지, 우리는 지금 어디쯤에 서 있는지를 먼저 말해보자.

    생성형 AI가 대단하다고 큰 화제가 되고 있기는 하지만 AI의 역사를 컴퓨터의 역사와 비교하면 우리는 아직도 1960년대쯤에 있다고 할 수 있다. 그때는 회사들만 대형 컴퓨터를 가지고 있었고 아직 개인용 컴퓨터인 PC가 보급되지 않았던 시기다. 이것은 마치 OpenAI 같은 몇몇 기업이 막대한 돈을 들여 거대한 AI를 개발하면 많은 사람들이 그것을 다같이 쓰고 있는 지금의 상황과 같다. 우리는 이제 막 AI PC나 AI 스마트폰 같은 것을 만들려고 노력하고 있다. 하지만 성능이 아주 뛰어난 LLM들은 아직 PC에서 구동되지 않기 때문에 인터넷 연결 없이 자체적으로 AI를 구동하는 AI 스마트폰이나 AI PC가 할 수 있는 일은 지극히 제한적이다.

1970년대에는 PC가 보급되기 시작했지만, PC가 정말로 대중적으로 쓸모가 있어진 것은 인터넷이 보급되기 시작한 1990년대나 되어서였다. 비로소 PC들이 인터넷으로 서로 연결된 것이다. 그러자 쓸 만한 프로그램도 훨씬 더 많이 나왔다. 사람들은 스스로 웹사이트를 만들고 서로 소통하기 시작했다.

지금의 생성형 AI를 보고 흥분하는 사람들은 컴퓨터가 처음 발명되었을 때 흥분하던 사람들을 떠올리게 만든다. 사람들은 금방 인간처럼 똑똑한 컴퓨터가 만들어질 거라고 생각했다. 이때가 AI에 대한 상징주의적 접근의 시대다. 하지만 인터넷에 연결되기 전까지 PC는 대중적으로 별 대단한 기계가 될 수 없었다. 계산 작업을 하는 전문가들에게는 유용한 기계였지만 대중에게 PC는 그저 아주 비싼 타자기이고 오락기였다. 컴퓨터는 원칙적으로는 프로그래밍을 통해 뭐든지 할 수 있는 기계지만 실제로는 직접 프로그램을 짜서 집에서 뭔가를 하는 사람은 거의 없었고, 있다고 해도 대단한 일인 경우가 없었다. 그러나 인터넷에 연결되면서 PC는 훨씬 더 쓸모 있게 되었다. 컴퓨터와 결합한 인터넷은 세상을 크게 바꾸었고 많은 산업을 만들었다. 오늘날 PC가 하는 일 중에서 가장 중요한 일은 웹서핑이다.

이런 비교를 통해 우리는 그 대단해 보이는 최신 AI의 힘도 아직 초기에 지나지 않는다는 것을 알 수 있다. 우리는 아직 인터넷에 연결된 PC처럼, 우리 개개인을 위해 일하면서도 인터넷을 통해 다른 시스템들과 접촉하는 AI를 쓰고 있지 않다.

사실 지금의 AI의 능력은 두 가지 금기로 인해 지극히 억제되고 있는 편이다. 이 금기는 주로 프라이버시 보호를 포함하는 정보 보안 문제와 AI의 안전성에 대한 불안 때문에 존재한다. 그런데 그러한 금기를 해소하는 문제는 꼭 기술적 한계에만 달린 것은 아니다.

두 가지 금기 중 첫 번째는 AI가 더 많은 정보에 접촉하게 하는 것이다. 두 번째는 AI가 자유로이 다른 사람이나 다른 AI와 소통하는 것이다. 지극히 자연스럽게도 많은 사람은 이런 상황을 두려워한다. 하지만 이러한 제약은 모순되는 점도 있다. AI를 우리의 부하 직원이라고 생각한다면 그런 제약들은 우리가 직원에게 아무것도 더 배우지 말고, 다른 사람들과 대화도 하지 말고 명령을 수행하라고 하는 것이기 때문이다.

직원에게 동네 슈퍼에 가서 장을 봐오라고 하면서 동네 지도도 익히지 말고 슈퍼 직원과 이야기도 하지 말라고 하면, 장을 봐올 수가 있을까? AI에게 더 많은 정보를 주고, 더 많은 자유를 주어야 AI의 능력이 올라간다. 지금 우리는 그런 일을 안전하게 할 방법을 찾는 중이다. 이는 자동차를 운행하기 위해서는 교통 법규를 포함하는 교통 시스템이 필요한 것과 같다. 기술 이상으로, 사회적 관습의 변화와 시스템 설계의 문제다. AI를 자동차에 빗대어 말하자면, 지금은 자동차는 있는데 교통 법규나 신호등이 없는 상황이라고 할 수 있다. 이런 환경적인 제약 때문에 많은 사람들은 실제로 AI가 할 수 있는 일이 시시하다는 인상을 받고 있을 것이다. 마치 1980년대의 PC를 기술광인 사람들만 좋아했듯이 말이다. 우리는 더 좋은 자동차도 필요하겠지만 자동차가 안전하게 달릴 사회적 규칙을 만들고, 자동차를 안전하게 운전하도록 사람들을 교육할 필요가 있다.

AI 에이전트는 특정한 목적을 달성하기 위해 환경을 감지하고 의사 결정을 하며 행동을 취할 수 있는 자율적인 AI이다. 앞에서 우리는 AI가 여러 가지 문제들을 푸는 경우들을 보았다. AI 에이전트의 시대에는 이런 특수 목적의 AI들이 많이 개발될 것이고, AI 에이전트는 그런 AI들을 자유롭게 사용하면서 사람들이 요구하는 다양한 업무들을 처리할 것이다.

이런 AI 에이전트의 시대는 불과 몇 년 안에 올 것이다. 마이크로소프트 창업자 빌 게이츠는 이미 2023년 11월에 자신의 블로그에 올린 글을 통해 AI 에이전트 기술이 5년 안에 우리가 컴퓨터를 쓰는 법을 완전히 바꾸고 소프트웨어 산업을 뒤집어 엎을 거라고 말했다. 그가 소개한 AI 에이전트의 시대를 보자.

5년 안에 우리의 스마트폰이나 PC에서 작동할 AI 에이전트는 우리의 개인적인 정보를 참고해서 우리에게 꼭 맞는 제안을 줄 것이다. 우리가 부탁하기도 전에 말이다. 그리고 그 시대가 되면 우리가 앱을 깔거나 작동시키지 않아도 된다. 우리의 AI 에이전트가 우리의 요청에 따라 적당한 도구를 사용할 것이고 프로그래밍을 해서 앱을 스스로 만들 수도 있다. AI 에이전트의 시대는 의료와 교육, 그리고 생산성, 오락, 쇼핑 같은 분야를 크게 바꿀 것이다.

AI 에이전트는 정보와 서비스의 민주화를 가져다준다. 안전에 대한 우려도 있을 수 있으며 AI 에이전트는 실수도 할 것이다. 하지만 인간도 실수를 하며, 아예 서비스를 제공받지 못하는 것도 문제다. 예를 들어 정신과 치료가 필요한 미국 군인의 절반은 그걸 받을 수가 없다고 한다. 지금은 아예 받을 수조차 없는 의료 서비스를 AI 에이전트는 모두에게 어느 정도 제공할 수 있다. 교육도 마찬가지다. AI 에이전트는 더 많은 사람들에게 쉽게 교육을 제공할 수 있을 것이다. AI 에이전트는 우리의 생산성을 늘리고, 우리에게 맞는 오락거리와 쇼핑거리를 찾아서 제안해줄 수 있을 것이다.

AI의 진정한 힘이 발휘되기 시작하는 것은 이런 AI 에이전트의 시대가 오고 나서부터이다. 앞에서 말했듯이 소통 방식의 변화는 거대한 사회적 변화를 가져올 수 있다. AI 시대에 대부분의 소통은 AI와 AI 사이에서 일어날 것이고, 그 소통의 속력과 복잡성은 인간과 인간 사이의 소통과는 전혀 다를 것이다. 그 소통에 사람이 끼어 있지 않기 때문이다. 자동교환기가 만드는 새로운 소통 방식이 전화기의 의미를 바꿨듯이 AI 에이전트가 만들어내는 새로운 소통 방식은 그것이 연결하는 인간과 기업과 공공기관 그리고 AI의 의미를 지금과는 전혀 다른 것으로 만들 것이다.

지금은 사람이 앱 같은 소프트웨어와 소통하면서 의사 결정을 해 나간다. 집 앞 마트에서 물건을 주문하고 싶다면 앱을 켜고 물건을 고른 후 주문을 한다. 그런데 AI가 일을 대신 처리한다면 어떨까? 지금도 AI는 책 한 권을 순식간에 읽는다. AI와 AI가 소통하는 시대에 나의 AI 에이전트는 인간보다 훨씬 빠르게 그리고 훨씬 광범위한 영역에서 나의 주문을 가장 잘 시행하려고 노력할 것이다.

가장 싸게 물건을 사기 위해서 가격비교를 할 때, AI라면 한두 곳을 해보고 시간과 에너지를 아끼기 위해 비교를 포기할 필요도 없다. 그리고 이렇게 사람들의 AI 에이전트가 각자 자신의 소유자의 목적을 달성하기 위해 최적화에 힘을 쏠 거라는 점을 생각하면, 우리는 '애초에 왜 소매상이나 도매상 같은 시장의 구조가 있어야 할까?' 같은 근본적인 질문에 부딪히게 될 것이다.

AI 에이전트의 시대가 되면 거의 모든 조직이 존재 의미를 다시 물어야 할 것이다. 질문은 소매점은 왜 있어야 하는가에서 은행은 왜 있어야 하고 카드는 왜 쓰는지, 심지어 정부는 왜 있어야 하는가에까지 이를지 모른다. 정부 조직에서 회사들, 그리고 시장의 조직들에 이르기까지 지금 세상에 존재하는 조직들이나 관례들은 본래 인간에게 맞춰서 지어진 집과 같은 것이다. 즉 인간의 한계 때문에 존재하는 것이다. 그러므로 AI를 통해 지능이 강화된 인간들이 소통하는 세상에서는 지금의 많은 조직들이 그 존재 이유가 사라질 것이다. 스마트폰의 은행 앱이 은행 지점들을 사라지게 만들고 있는 것처럼 말이다.

　나는 슈퍼 지능을 가진 AI가 인간을 모두 대체할 거라고 말하는 것이 아니다. AI 시대에도 인간의 역할은 소중하다. 다만 많은 일들에서 인간이 끼어드는 것이 불필요해질 것이며, 인간이 빠짐에 따라 여러 조직의 필요성이 없어질 것이고, 혁신의 속도가 달라질 것이라고 말할 뿐이다. 전화를 인간교환수가 연결해줄 때에는 그 교환수들을 고용하고 관리하는 조직이 있었을 것이다. 그렇지만 자동교환기가 있으면 애초에 교환수가 없으니 그들을 관리하는 조직이 왜 필요할 것인가? 이런 사례들이 AI 시대에는 흔할 것이다. 지금의 개혁이 사회적 시스템이나 인간을 교체하는 것과 연관된다면, AI 에이전트의 시대에 많은 개혁들은 마치 윈도우 업데이트와 같이 실시간으로 저항 없이 빠르게 일어날 것이다. 소통이 인간을 통하지 않기 때문이다.

✗ AI와 인간의 거울

　AI 시대에 인간들은 서로 어떻게 소통하고 스스로를 어떻게 보게 될까? 분명한 것이 하나 있다. AI 시대에는 지금보다 훨씬 더 많은 데이터가 기록되고 보존되며 분석될 것이다. AI에 대한 신뢰가 올라가고 정보 유출 문제도 없어지면 우리는 자연스레 AI에게 우리의 사적인 정보를 관리하게 시킬 것이다. 극단적인 경우 AI는 우리가 타인과 나눈 대화나 통화를 모두 기록할 수도 있다. 데이터는 소중한 것이기 때문이다.

　일상을 기록하고 싶을 때 지금은 직접 일기를 쓰거나 블로그에 포스팅을 하거나 사진을 찍거나 하는 방식으로 기록해야 한다. 스마트폰 같은 IT 기기의 발달은 이런 일들을 예전보다 훨씬 손쉽게 만들었지만, 우리의 일상을 기록하는 일은 여전히 시간과 에너지를 크게 소모시키는 일이다. AI 에이전트가 발전하면 바로 이 부분부터 쉬워질 것이다. AI가 우리의 일상 정보들을 기록하고 사진을 찍고, 필요하다면 오늘 하루는 어땠는지, 이번 여행은 어땠는지에 대해서 에세이를 써서 기록으로 남길 수 있을 것이다. AI는 개인용 사진가이자 전기작가가 될 수 있다.

이런 정보들과의 소통은 나 자신과의 소통이다. 우리는 할 수만 있다면 내가 과거에 무슨 말들을 했고, 누구와 만나서 어떤 일이 생겼으며, 여행 때 어디에 다녔고 그 순간에 어떤 생각들을 했는지 모두 기록하고 싶어한다. 우리가 지금 그렇게 하지 않는 것은 그것이 지나치게 에너지와 시간을 많이 잡아먹기 때문이고 설사 그렇게 한다고 해도 그 데이터를 잘 쓸 수 없기 때문이다. 그래서 국가 차원에서는 온갖 정보가 전문기관과 인력에 의해서 기록되고 분석되고 있지만 개인은 그렇지 않다. 현대인들은 어떤 의미로 국가에 대해서보다 자신에 대해서 더 모른다. 자신에 대한 정보들은 기록되지 않은 채 사라지고 부실한 기억력에 의존하기 때문이다.

어떤 사람들은 망각의 아름다움을 이야기하면서 그런 데이터의 수집이나 누적을 좋지 않게 말하기도 할 것이며 그게 꼭 틀린 것만은 아니다. 모든 것에는 단점이 있기 마련이다. 하지만 그런 주장은 문명인으로 사는 것보다 수렵채집인으로 야생에서 살아가는 것이 좋다는 주장처럼 주류가 되기는 어렵다. 우리가 가진 정체성의 전부 또는 대부분을 이루는 것은 결국 기억이다. 기억이 사라지는 것은 우리 자신이 사라지는 것과 같다. 우리는 스스로가 누구인지 알기 위해서라도 우리에게 일어났던 일들의 기록들을 소중히 여긴다.

여러분의 PC 하드 디스크에 있는 파일들이 어느 날 모두 사라졌는데 백업 데이터도 없다고 생각해보라. 이런 일은 나에게도 일어난 적이 있고 누구에게나 일어날 수 있는 일이다. 내 체험에 따르면 그런 경험을 영혼이 파괴되는 느낌이라고 말한 사람은 결코 거짓말을 하는 것이 아니다. 20년 동안 찍은 가족사진과 동영상을 저장한 파일이 날아간다든가, 십수년 동안 직장생활을 하면서 기록해온 업무 관련 서류와 논문들, 내가 20년간 쓴 글들이 한 번에 날아가는 일이 생기면 그건 그냥 아쉬운 정도가 아니다. 잠이 안 오고 눈물이 날 것 같은 정도의 충격적인 일이다.

자신에 대한 더 많은 데이터는 우리에게 더 깨끗한 거울과 같은 역할을 한다. 앞으로 우리는 우리를 좀 더 잘 알게 될 것이다. 스스로를 부모님을 생각하는 마음이 있는 괜찮은 남자라고 생각하는 사람이 있다고 해보자. 과거의 데이터가 자세히 있다면 그는 지난 몇 년간 자신이 어머니와 몇 번의 통화를 얼마나 길게 했는가 그리고 부모님을 얼마나 자주 방문했는가에 대한 통계를 보면서 자신의 진짜 모습과 만나게 될 것이다. 더 꼼꼼하게 기록되고 분석되는 소비는 우리가 돈을 어떻게 쓰는 인간인지를 더 잘 알려줄 것이다. 매일 어떤 옷을 입는가에 대한 기록은 우리가 옷에 어떻게 돈을 써야 하는지를 알려줄 것이다.

현대가 과학의 시대, 객관적 정보의 시대인 것 같지만 그것은 정보가 누적되고 분석되는 특정 분야에서만 그렇다. 나는 우리가 글을 써야 하는 이유를 설명하면서 자신의 글이 없이 살아가는 사람들은 개인적으로는 아직도 문자 문명 이전 신화의 시대를 살고 있는 거라고 지적하고는 한다. 우리는 우리의 얄팍한 기억력을 믿으면서 그 기억들이 보여주는 세상이 진짜라고 믿는다. 하지만 적어도 그것을 글로 기록하고 앞뒤를 일관성 있게 하려고 노력하지 않으면 우리의 기억력이 보여주는 세상은 일관성이 없고 근거 없는 믿음들로 가득 차게 된다. 그 믿음들은 문명시대 이전에 집단적 기억력에 의존해서 구전으로 내려오던 신화보다 못하다. 우리 개개인의 기억력은 그만큼 형편없다.

하지만 이제까지 기록과 분석의 힘은 사적인 세계에는 대개 크게 침투하지 않았다. 앞에서 말했듯이 개인의 일상을 기록하기란 힘들고 개인적인 만족감 이외에는 큰 보상이 없는 일이기 때문이다. 매일의 일을 자세히 기록한 20년치 일기를 가지고 있다고 해도 그걸 쓴 나조차 그 안의 내용을 모를 것이다. 《조선왕조실록》 같은 자세한 역사적 기록은 만들기도 힘들지만 분석하는 일도 그 이상으로 힘들다. 수많은 전문 인력이 투입되는 국가의 일도 그러한데, 개인이 혼자서 자신에 대한 기록을 쌓고 분석하는 일은 더 비현실적으로 느껴진다.

정보를 빠르게 기록할 수도 있고 분석할 수도 있는 AI는 이 상황을 바꿀 것이다. 그리고 우리에게 지금과는 비할 수 없이 선명한 자기성찰의 거울을 들이밀 것이다. 우리가 한 일은 이제 잊히지 않는다. 우리는 자신의 평판과 가치를 누구보다 스스로에게 증명해야 할 필요가 있다. 기록이 많아지고 길어질수록 우리는 스스로를 좀 더 크고 긴 시공간 안에서 파악하게 될 것이다. 이 것이 문자의 등장 이래 구술문화 속에서 살던 인간이 문명화되 면서 집단적으로 했던 일이다. 신화는 기록되었고 과학의 씨앗 도 이때 뿌려졌다. 이제 그것이 개인적으로도 가능해진 것이다.

우리는 AI를 통해서 문자 문명에서 다룰 수 있었던 것보다 더욱 더 많은 정보를, 사회적인 정보는 물론 개인적인 정보도 다룰 수 있게 될 것이다. 그렇게 AI 시대가 좀 더 성숙해진 미래의 어느 날 뒤를 돌아보면 우리는 지금의 시대에서 무엇을 보게 될 것인가? 그것은 기억상실증에 빠진 야만인일 가능성이 높다. 현대 인들은 어리석은 일을 끝없이 반복하고 간파하기 쉬운 거짓말에 너무 쉽게 넘어가는 야만인으로 보일 것이다. 스스로에 대한 거 짓말이건 사회에 대한 거짓말이건 말이다.

데이터에 기반해서 좀 더 긴 기억력을 갖게 된 AI 시대의 시민 들은 훨씬 더 사려 깊게 행동할 것이다. 내가 한 거짓말이나 과장 스러운 말이 기록되어 그것이 나의 평판이 된다는 것을 알기 때 문이다. 내가 아무것도 모르면서 자신 있게 뭔가를 아는 척하면, 그것은 기록으로 남을 것이고 미래에 내가 또 그런 행동을 할 때 사람들은 내가 그런 사람이라고 판단하게 될 것이다.

결국 더 많은 데이터는 더 높은 수준의 문명을 만든다. 그리고 우리는 그런 시대를 앞두고 있다. 배가 고파도 매대에 진열된 음 식을 먹지 않는 것이 야만인과 문명화된 인간의 차이다. 왜냐면 문명인은 보다 긴 시간에서 보면 그런 행동이 자신을 더 곤란하게 만든다는 것을 알고 있기 때문이다. 우리는 지금보다 훨씬 더 자세하고 긴 기억력을 가진 인간들의 시대로 가고 있다. 그 시대에 되돌아보면 지금의 우리들은 야만적으로 보일 것이다. 기술 때문이 아니라 생각과 문화 때문에 그럴 것이다.

✗ AI는 인간을 위한 문제를 풀어야 한다

여러 가지 AI들이 계속 발표되고 있다. 그런데 이 AI들은 어떤 문제들을 해결하기 위한 것인가? 누구를 위한 것인가? 우리에게 가장 절박하고 소중한 문제인가? 개인의 문제인가 아니면 기업이 가지는 문제인가? 한국의 문제인가? 미국의 문제인가?

기업의 입장에서는 인간 노동자를 로봇으로 대체해서 인건비를 아끼는 것은 기업의 생존을 위해 꼭 풀어야 할 절박한 문제일 수 있다. 하지만 대체되어야 하는 입장인 노동자에게 정말 그것이 가장 절박하게 먼저 풀어야 하는 문제일 리가 없다. 우리는 신기한 휴머노이드 로봇에 감탄만 할 게 아니라 문제 중심으로 AI를 볼 필요가 있다.

AI가 꼭 풀어야 할 문제는 시대적 과제이다. 1장에서도 말했듯이 오늘날 사람들은 점점 더 복잡해지고 빠르게 변하는 시스템 속에서 무력감을 느끼고 있다. 그러나 문제를 겪는 주체에 따라 상황의 정도는 다르다. 기업이나 국가기관은 외부 서비스와 자기

조직을 활용해서 복잡한 사회가 발생시키는 정보처리의 문제에 어느 정도 대처하고 있다. 대기업이나 국가기관이라면 법률 문제는 법률 전문가의 상담을 받고 구매 문제는 구매 전문가에게 처리를 맡긴다. 필요한 일들을 배분해서 각각을 전문적인 직원들이 처리하게 할 것이다. 즉 AI가 없더라도, 회사나 국가 기관은 기존의 기술을 사용하는 인간들의 조직이나 서비스를 통해 필요한 정보를 찾아내고 시장 상황이나 사회 상황을 분석할 수 있을 것이다.

그렇지만 그런 서비스나 조직을 갖추지 못한 개인들의 경우에는 상황이 그렇지 못하다. 따라서 근대의 문제는 개인들에게 더욱 심각하고 개인들은 실질적으로 점차 마치 문맹처럼 되어가고 있다. 우리는 이미 기업이 내미는 계약서가 무슨 내용과 의미인지 일일이 따질 수도 없는 복잡한 세상을 살고 있다. 그래서 의미도 모르고 동의 버튼을 계속 누르면서 산다. 덕분에 내 정보가 어디로 어떻게 새는지도 잘 모르고, 컴퓨터 화면에 나에게 맞춰진 광고가 뜨면 체념에 찬 눈으로 바라볼 뿐이다. 대학을 가거나 아이를 학원에 보내는 것, 의료 서비스를 받는 것, 세금을 내는 것, 취업을 하는 것 등 많은 일들이 점점 본질과는 상관없는 부분들에서 복잡해지고 있다. 이것이 우리가 직면한 시대적인 과제라면 우리는 AI가 그 문제를 해결하도록 해야 한다. AI는 그럴 수 있는 잠재력을 가지고 있다.

사회적인 정보 불균형은 이미 굉장히 심각하다. 국가기관이나 기업 혹은 빌 게이츠 같은 부자들보다는 분명히 가난한 서민이나 가출한 소녀에게 AI는 더 절박하게 필요하다. 그들은 조직과 적절한 정보로부터 소외되어 있다. 그래서 아주 절박하고 기초적인 문제에 대해서도 종종 지금 당장 필요한 정보를 구하지 못한다. 빌 게이츠가 강남에 아파트를 한 채 사려고 한다면 그에게 어느 집을 어떻게 언제 사야 하는지, 어떻게 하면 사기를 당하지 않을 수 있는지 확인하고 조언할 사람들은 얼마든지 있을 것이다. 주식을 사려고 해도 기본적인 분석자료를 즉각 구할 수 있을 것이다. 그런데 가출한 어린 소녀는 정부가 제공하는 안전한 쉼터가 있다고 해도 그게 어디에 있는지는커녕 그 존재 자체를 모를 수 있다. 정보가 부족한 보통 시민은 어떤 대출이 가장 안전하고 유리한지, 어떤 보험에 드는 게 좋은지 아닌지를 모를 가능성이 높다.

AI가 발달하는 시대에 AI가 푸는 문제가 기업이나 국가의 문제에 집중된다면 정보 불균형은 한계를 모르고 더욱 커질 것이다. 지금도 길을 찾거나 식당을 예약하고 호텔을 예약할 때 스마트폰을 잘 활용하는 사람과 그렇지 못한 사람의 생활은 차이가 크다. 사람들이 스마트폰의 앱을 많이 쓰게 되면서 점점 더 많은 은행 지점들이 문을 닫아 스마트폰을 쓰지 못하는 노인들은 큰 불편을 겪고 있다.

AI 사회에 적응하지 못하는 사람들은 사기당하거나 착취당하기 쉬운 상황에 빠진다. 자율주행 AI가 더 필요한 것은 운전사를 고용할 여유가 있는 부자보다는 그렇지 못한 보통 시민들일 것이다. 마찬가지로 AI로 도움을 꼭 받아야 하는 것도 보통의 시민들이다. AI는 어떤 데이터를 모아서 누구를 돕기 위해서 만들었느냐에 따라 서로 크게 다른 의미를 가진다. 기업의 영업 정보들을 모아서 만든 AI는 소비자 단체의 힘을 증가시키지만 소비자들의 정보를 모아서 만든 AI는 반대로 기업의 힘을 증가시킬 것이다. 그러므로 국가 공동체의 입장에서는 일반 시민들을 위한 AI를 개발하고 보급해야 한다. 그렇게 하지 않으면 AI로 그 지능이 더욱 강화된 기업이나 정부는 소비자와 노동자, 시민 들을 더 왜소하고 무력하게 만들 것이다. 정부나 기업을 고객으로 하는 AI 개발 회사만 발달한다면 그런 일은 금방 현실이 된다. 이런 관점에서는 집안 청소를 해주고 빨래를 해주는 가사 노동 휴머노이드 로봇의 보급이 가장 시급한 게 아니다.

물론 기업도 시장의 요구가 있다면 시민들의 문제를 푸는 AI를 개발하고 보급할 것이다. 그러나 이 일은 시장에만 맡겨둘 수 없는 일이다. 그것은 마치 의무교육을 시행하지 않고, 필요한 사람은 돈을 내고 읽고 쓰기를 스스로 배울 거라고 말하는 태도와 같다. 앞으로 AI에 대한 접근 능력과 교육은 권리이자 의무가 되어야 한다. 정부는 시민에게 무료로 또는 싸게 접근할 수 있는 AI를 보급하고 사용을 권장해야 한다. 이렇게 AI 시대는 계몽이나 교육과 깊은 연관을 가질 수밖에 없다. 그래서 'AI 시대를 어떻게 살아야 할 것인가'라는 질문은 '교육을 어떻게 개혁할 것인가'

하는 질문으로 우리를 자연스럽게 이끈다. 이에 대해서는 5, 6장에서 더 논할 것이다.

　AI 대중화는 단지 시민들을 보호하기 위한 것만은 아니다. 그것은 지속 가능한 AI 사회를 건설하는 일인 동시에 새로운 산업들이 출현하도록 돕기 위한 것이다. 기업이나 정부만 인터넷을 썼다면 새로운 산업은 만들어질 수 없었을 것이다. 마찬가지로 AI가 대중화되고 사람들의 사고와 소통 방식이 바뀌는 일은 지금은 없는 새로운 산업과 서비스가 출현하기 위해 꼭 필요한 일이다. AI가 대중화된 시대의 인간은 기업화된 인간으로 지금의 개인과는 전혀 다른 능력을 가질 것이다. 그 차이가 AI 시대의 사람들이 지금과는 다르게 살아가게 되는 근본적인 이유다.

✗ 기업화된 인간의 시대

AI 시대에는 AI 에이전트를 사용하는 인간들이 기업처럼 보일 것이다. AI 에이전트가 기업의 직원들이나 컨설턴트 역할을 할 것이기 때문이다. 예를 들어 뭔가를 구매하거나 판매하고 싶을 때 혹은 어떤 정보를 찾아야 한다거나 어떤 서비스를 구해야 할 때 우리는 마치 직원에게 명령을 내리는 사장처럼 AI 에이전트에게 명령할 수 있다. 그러면 AI 에이전트는 시킨 일을 해내기 위해서 구매 시스템, 판매 시스템, 서비스 시스템과 소통하는 미디어로 작동할 것이다. 외부로부터의 정보 문의에도 AI가 비서처럼 답할 수 있을 것이다. 제품 홍보를 하거나 생산을 하는 AI도 있을 것이다. AI 에이전트를 쓰는 사람들 하나하나가 마치 다수의 직원을 가진 기업처럼 되는 것이다.

이런 일은 어느 정도 이미 일어나고 있다. 인간의 요구에 따라 훌륭하게 컴퓨터 코딩을 하는 AI들은 이미 존재한다. 그리고 그 코딩을 컴퓨터에서 직접 실행하는 사례도 있다. 우리는 AI가

수학공식을 증명했다는 소식에도 점점 익숙해지고 있다. 이 같은 것은 원리적으로 AI가 기계를 설계하는 일을 할 수 있다는 것과 그리 다르지 않다. 실제로 리프 71(LEAP 71)이라는 회사는 2024년에 AI가 디자인한 로켓을 3차원 프린터로 제작하고 테스트하기도 했다. 인간이 요구하면 AI가 즉시 그런 요구를 만족시키는 기계를 발명하고 자동으로 제작해주는 시대는 더 이상 황당한 꿈이 아니다. 스스로 홈페이지를 만들어 상품을 홍보하고 주문, 배송까지 하는 AI도 상상하기 어렵지 않다. 그런 AI가 있다면 토마토를 재배하는 농부는 그런 일을 해줄 충분한 인력이 있는 셈이고, 중간상을 거치지 않고도 소비자에게 상품을 팔 수 있다.

기업화된 인간이란 이렇게 AI를 통해서 세상과 소통하는 인간이다. 기업의 CEO가 여러 컨설턴트나 전문가 그리고 직원의 도움을 받아서 복잡한 회사를 운영하듯이, 기업화된 인간은 전 같으면 혼자서 할 수 없었을 복잡한 일들을 빠르고 효율적으로 처리할 수 있다. 지금의 사회가 인간의 언어로 소통하는 개인들로 채워진 사회라면, AI 사회는 AI라는 미디어를 통해 사람들이 소통하는 사회다. 물론 언제나 그리고 모든 상황에서 그러지는 않겠지만 말이다. 이러한 소통 방식의 차이는 AI의 정보처리 속도를 생각하면 문맹자들의 사회와 글을 읽을 수 있는 사람들의 사회 이상의 차이를 만든다.

이렇게 인간들이 서로 연결되는 방식이 달라지고 사회 속에서 개인의 역할이 달라질 때 사람들은 지금과는 다른 방식의 자세를 가질 필요가 있다. 근대사회를 살아가는 사람은 대부분 노동자나 직장인으로 일한다. 그러므로 큰 기계적 시스템의 일부로 잘 기능할 것이 요구된다. 그러나 AI 시대를 살아갈 사람, 기업화된 인간이 된 사람들은 누군가가 시키는 일을 하기보다는 명령을 기다리는 AI에게 일을 시킬 수 있어야 한다. 글자를 알아도 그걸로 읽고 쓰기를 하지 않는다면 의미가 없듯이 AI 에이전트의 시대가 와도 우리가 AI에게 아무 일도 시키지 못한다면 AI가 존재하지 않는 것과 같다.

이와 같은 사실은 미래 교육의 핵심이 노동자를 키우는 것이 아니라 경영자를 키우는 것이 되어야 한다는 것을 말해준다. 이러한 관점의 변화는 근대교육을 그 뿌리부터 개혁하는 일이 될 것이다. 과학적 사고방식에 의해서 건설되는 사회는 그 사회의 부속품이 될 노동자를 필요로 하고, 근대교육은 바로 이 노동자를 키우기 위해 대중적으로 확대되었기 때문이다.

앞으로 직장인의 수는 크게 줄고 1인 기업의 수는 크게 늘어날 것이다. 이것은 마치 산업혁명이 1차 산업에 종사하는 사람인 농사짓는 사람의 수를 크게 줄인 것과 같다. 이러한 예측은 이미 2015년에 《직업의 종말》을 쓴 테일러 피어슨에 의해서 주장된 바 있다. 그는 기술이 발달하고 교육이 보편화됨에 따라 노동의 아웃소싱이 쉬워졌다는 사실을 지적한다. 부자 나라의 기업이 필요한 것을 가난한 나라에서 구해 오는 일은 점점 더 쉬워졌다. 그래서 피어슨은 대학을 졸업하고 어딘가에 취직하는 것이 보통인 세상은 더 이상 유지되기 어렵다고 주장한다. 중국, 베트남, 인도 등 전 세계의 나라들에서 수없이 많은 대학졸업생이 배출되기 때문이다. 평생직장의 개념은 이미 깨졌고, 직장인으로 사는 것이 안전하고 창업은 위험하다는 생각도 차차 바뀔 것이다. 피어슨은 미래는 창의적인 기업가의 시대가 될 것이라고 주장한다.

그의 주장은 오늘날의 상황에서도 옳지만 AI 에이전트가 일하는 시대가 오면 더더욱 옳은 말이 된다. 예를 들어 모든 프로그래머가 직업을 잃지는 않겠지만 AI가 3류 프로그래머보다 프로그램을 더 잘 짜면 어설프게 대학에서 프로그래밍을 공부한 사람들은 직장을 구할 수 없을 것이다. 게다가 어떤 시스템의 고정된 부속품으로 너무 오래 살면 변해가는 세상을 따라가지 못하고 기존 시스템과 함께 몰락하게 된다. 그건 바람직하지 않다. 미래는 예측할 수 없고 우리는 흔들리는 세상의 파도 속에서 계속 헤엄치면서 변화하는 삶을 살아야 한다. 그래서 기업가의 시대, 경영자의 시대가 온다고 말하는 것이다.

마지막으로 하나를 더 지적하자면, AI 시대가 경영자의 시대, 기업화된 인간의 시대라고 해서 AI 시대의 인간이 반드시 경제적 이익만을 추구하는 인간이라고 오해해서는 안 된다. 인간이 추구할 가치는 그것 외에도 많이 있다. 예를 들어 AI를 써서 풀려고 하는 문제가 독거노인들에게 식사를 배달하는 일을 효율화하는 공익적인 문제일 수도 있고, 예술적인 목적의 영화를 만드는 것, 또는 어떤 순수학문적인 탐구일 수도 있다. 기업이나 경영이라는 말이 나온다고 해서 AI 시대의 인간을 금전적인 가치 기준으로 움직이는 사람으로만 여겨서는 안 될 것이다. 기업화된 인간이란 다만 인간이 다수의 AI 에이전트를 통해 일하고 소통한다는 뜻이다. 일찍이 《미디어의 이해》를 쓴 마셜 매클루언은 돈이 노동을 창조했으며 미래에는 노동이 사라질 것이라고 말한 적이 있다. 다원주의적인 구조를 가질 AI 시대에는 가치가 단순히 화폐로 평가되는 일은 실제로 점차 사라질지도 모른다. 따라서 경영이나 기업이라는 말을 단순히 수익을 올리는 행위와 같은 것으로 여기는 것은 바람직하지 않다.

X 지능적인 망의 시대

이쯤에서 거리를 두고 물러나서 이제까지 말했던 것을 조망해보자. 사람들이 모두 AI 에이전트들을 가지고 있고 이 AI들이 서로 소통하고 최적화를 진행하는 사회를 다시 한번 생각해보자. 우리는 무엇을 발견하게 될까? 우리는 사회 전체가 하나의 거대한 AI가 된 것을 발견하게 된다. AI가 컴퓨터 최적화에 의해서 발견된 것이라는 점을 생각하면, 서로 연결된 AI들이 실시간으로 최적화를 수행하는 사회는 그 자체로 학습 과정을 진행하고 있는 거대한 AI와 같다. 이 집단적 최적화의 목표는 인간들의 만족이며, 각각의 인간은 데이터를 받고 데이터를 변형하여 전송하는 센서와 같은 입장이 된다. 이런 사회적 최적화를 통해서 미래 사회는 이제까지의 사회와는 비할 수 없이 강력한 집단적 지능을 획득할 것이다. 그것은 모두가 독립적이면서도 집단적으로 빠르게 힘을 모아 행동할 수 있는 탈중앙화된 집단이다. 그 집단은 중앙집중식으로 정보를 모으고 인간이 하나하나 판단하기 위해서 혹은 법과 제도를 바꾸기 위해서 몇 달, 몇 년을 때로는 그 이상의 시간을 쓰는 지금의 사회조직과는 전혀 다를 것이다. 우리의 기억이 신경세포 간의 관계 속에 저장되듯 사회 전체가 경험하는 지식들은 사람과, 사람들 사이의 관계 속에 저장될 것이다.

하나의 똑똑한 슈퍼 AI가 아니라 모두의 AI 에이전트가 소통하는 사회가 훨씬 더 강력하고 효율적으로 사회를 개혁할 것이다. 하나의 똑똑한 AI는 사회와 시장의 구조를 바꿀 권리가 없다. 예를 들어 정부가 슈퍼 지능을 가진 AI를 가졌다고 해도 그 AI로 사람들의 일을 결정하고 시장의 구조를 바꾸려 한다면 사람들이 허락하지 않을 것이다. 그런 것은 그 AI를 지배하는 사람이 독재하는 사회이기 때문이다. 하지만 기업화된 개인들이 서로 소통하는 사회에서 시장과 사회의 구조는 자연스레 사람들의 뜻에 따라 바뀔 것이다. AI 시대에 AI는 사람들을 둘러싸고 마치 뇌의 가장 바깥쪽에 새로 생겨난 새로운 층처럼 작동할 것이다.

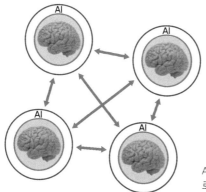

AI 사회에서 AI는 마치 인간의 새로운 신피질처럼 작동할 것이다

이렇게 만들어지는 기업화된 인간들의 사회는 마치 거대한 뇌를 보는 느낌을 준다. 기업화된 인간들의 사회와 지금의 사회는 뛰어다니는 동물과 제자리에 서 있는 나무 같은 식물의 차이만큼이나 커다란 행동력의 차이를 보여줄 것이다. 불이 나도 나무는 제자리에 있다가 타고 만다. 뇌가 없는 식물은 환경적 변화에 적응하지 못하고 살던 대로 살다가 환경이 변하면 죽을 뿐이다. 하지만 뇌를 가지고 있고 움직일 수 있는 다리가 있는 동물은 불이 나면 사태를 파악하고 뛰어서 도망간다. 기업화된 인간들의 사회는 이렇게 하나의 집단으로서 뛰어난 지능을 보여줄 것이다. 다른 사회가 환경의 빠른 변화에 대처하지 못할 때도 그 사회는 중앙의 명령 없이도 변화에 대처해서 합리적인 집단적 행동을 충분히 빠른 속력으로 할 수 있을 것이다.

우리는 이런 차이가 중요하다는 것을 코로나19 사태라는 극적인 사건을 통해서 극명히 목격했다. 개인들이 각자 판단을 독립적으로 하려고 하면 감염병 위기는 막을 수 없다. 그렇다고 중앙의 명령만 기다리기에는 현지의 상황이 급박하다. 중앙 집중식이 아니면서도 빠르고 집단적인 행동을 취해야 코로나19 사태 같이 빠르게 진행되는 위기 상황에 대응할 수 있다. 정부가 정보를 독점하고 판단이 느리면, 정보가 빠르게 흐르지 않고 대책이 느려진다. 그럴 때 사람들은 공포에 빠져서 질서를 무너뜨린다. 전염병의 유행 같은 경우가 아니라도 자연재해나 경제위기 그리고 사회적 갈등의 상황에서 사회는 집단적으로 빠르게 반응할 필요가 있다. 그러므로 기업화된 인간들의 사회는 위기 상황이 많은 환경에서 특히 강력한 힘을 발휘할 것이다.

AI 사회를 서로 연결된, 기업화된 인간들의 사회로 바라보면 우리는 우리가 이미 초보적인 단계에서 AI 사회에 살고 있다는 생각을 하게 된다. 핵심은 연결과 최적화다. 세상을 바꾼 것은 처음에는 전자 통신이었다. 전화기 그리고 라디오와 텔레비전이 등장해 전보다 빠르게 정보를 전달하자 세상은 훨씬 더 빠르게 최적화하고 변하기 시작했다. 그리고 인터넷이 나와 혁신에 가속이 붙었고, 세상은 이미 크게 변했다.

하지만 지금까지는 인간이라는 요소가 혁신의 속도에 병목현상을 만들어왔다. 기술의 발달과 달리 사회의 조직 원리는 그다지 바뀌지 않아서 여전히 많은 일들은 책임자의 일 처리 속력에 달려 있다. 또한 시스템의 개혁에도 저항이 따른다. 컴퓨터의 OS를 업데이트 할 때의 어려움과 한국어를 쓰는 사회를 영어를 쓰는 사회로 바꿀 때의 어려움은 전혀 다르다. AI 사회로 전환한다는 것은 지금으로서는 불가능해 보이는 개혁이 일상적이 된다는 의미일 것이다. 대부분의 소통이 AI 간의 소통으로 이루어짐에 따라 소통 방식의 진화에 인간이 저항할 이유가 없기 때문이다. 그건 그냥 윈도우 업데이트와 다를 것이 없다.

이렇게 빨리 변할 세상이 불안하고 불만족스러운 사람도 있겠지만, 생각해보면 이것이야말로 어느새 시스템의 노예가 된 인간을 해방하는 일이다. 인간이 시스템의 고정된 부속품이 되어버렸기 때문에 시스템과 인간은 서로를 억압한다. 인간 때문에 시스템이 바뀌지 못하고 시스템은 인간의 정당한 요구를 묵살한다. 하지만 이제 시스템을 운영하고 개선하는 역할을 AI가 상당 부분 맡아줄 수 있기 때문에 인간은 개혁의 고통으로부터 자유로워질 수 있으며 자유로이 새로운 시스템을 상상할 수 있다.

빠르게 변하는 사회와 접점을 잃고 뒤처지는 사람이 되는 것은 마치 세상의 시계가 맹렬히 돌아가는데 나의 시계는 멈춰 두는 것과 같다. AI를 사용하는 사람들의 집단에 속하지 않고 과거에 남아 있으려고 하는 사람에게 세상은 순식간에 전혀 이해할 수 없는 곳이 되기 쉽다. 그러므로 우리는 AI를 활용하는 사회를 만드는 일에 참여해야 하고 그 참여의 과정에서 다 함께 집단적 지능을 개선해야 한다. 그 점을 이해하지 못하는 사람은 세상이 근대화하던 시기에 여전히 조선 시대의 유학 책만 공부하는 사람과 같은 상황에 처하게 될 것이다. 차이가 있다면 그때보다 오늘날 기술이 훨씬 더 빠르게 발전한다는 것뿐이다.

과학적 사고는 과학 이론이라는 지식을 통해 우리가 살아가는 자연환경과 소통하는 근대인의 정신이다. 그리고 이것은 과학의 범위를 넘어 우리가 살아가는 사회 속의 삶에서도 표준적인 사고가 되었다. 그러나 AI 시대에 기업화된 인간으로 살아가기 위해서는 과학적 사고만으로는 부족하다. 사람들은 점차 더 자주 AI라는 도구를 통해 자연환경은 물론 주변 사람들, 사회 조직들과 소통하게 될 것이다. 그래서 AI 기술의 특징에 맞는 사고, 즉 확률적 사고를 이해하고 배울 필요가 있다. 확률적 사고에 익숙해지지 않고는, 개인은 AI 시대에 적응하기 어렵고 집단적으로는 사회적 협력이 어려울 것이다. 근대교육의 핵심이 과학적 사고이듯이 확률적 사고는 AI 시대 교육의 핵심이 되어야 한다. 우리는 이제 이 확률적 사고가 무엇인지를 정리할 때가 되었다.

3장

확률적 사고란 무엇인가?

X 과학적 사고에서 확률적 사고로

AI 시대를 위한 사고인 확률적 사고란 무엇인가? 이 질문은 비교를 위해, 근대적 사고의 핵심이 되는 과학적 사고란 무엇인 가라는 질문과 같이 던져야 한다. 이 두 개의 사고는 서로 다른 문제해결의 패러다임들과 연관되어 있다. 과학이 과학 이론 내 지 과학 지식으로 문제를 해결하는 하나의 방법론이라고 할 때, 과학적 사고는 과학의 기술적인 측면이 아닌 철학적이고 정신적 인 측면을 말한다. 과학적 사고는 과학혁명과 산업혁명 과정에 서 형성되었으며, 과학적인 문제해결 방법이 효율적으로 작동하 면서 세상에 널리 퍼졌다. 과학적 사고는 너무나 성공적이었던 나머지 오늘날에는 자주 유일하게 합리적인 사고로까지 이해되 고 있다.

여기서 우리는 근대화가 서로 다른 사고방식들 간의 경쟁과 주도권 싸움 속에서 일어났다는 점에 주목해야 한다. 전근대사 회에 존재했던 권위주의적이고 종교적인 사고방식이 근대화 이후 완전히 사라진 것은 아니다. 하지만 과학적 문제해결의 방식이 그 생산성을 증명하면서 과학적 사고가 사회적으로 주도적인 것으로 자리잡았다. 그리고 교육의 중심은 수학과 과학 교육이 차지했다. 과학적 사고가 교육을 지배하게 되고 유학이라든가 신학이 교육의 중심에서 밀려난 것이다.

사고란 문화와 같은 것이기 때문에 서로 배타적이다. 신을 과학으로 증명하려는 것 같은 하이브리드적인 시도가 있을 수도 있지만, 서로 다른 사고가 똑같은 정도의 비중으로 한 사회 속에서 공존하기는 힘들다. 주도권 싸움 끝에 더 성공적이고 자주 사용할 수밖에 없다고 여겨지는 사고방식이 그 사회 속에서 널리 통하게 된다. 말하자면 사고에도 패러다임의 변화가 있다. 사고방식이란 소통을 위한 기본 규칙이기도 하다. 즉 서로 다른 사고방식을 가진 사람들은 암묵적 가정의 차이 때문에 소통에 문제가 생기고 따라서 사회적 협력도 어려워진다. 이것이 확률적 사고가 과학적 사고와 어떻게 다른가를 명확히 이해해야 하는 이유다.

확률적 사고는 AI 기술을 사용해서 문제를 해결하는 방법론인 AI 패러다임과 관련이 있다(AI 패러다임에 대한 더 많은 설명은 부록 1을 참조하라). 확률적 사고는 AI를 만드는 방법론에서 철학적이며 정신적인 측면을 말한다. AI는 구체적으로 주어진 문제에 대해서 컴퓨터 최적화로 찾아낸 답이며, 이런 AI를 만들어내는 AI 패러다임의 생산성이 높아질수록 과학적 사고와 확률적 사고는 더욱 경쟁하게 될 것이다. 그리고 AI가 사회를 주도하는 AI 사회에서는 결국 확률적 사고가 주도적이고 상식적인 사고방식이 될 것이다. 뒤집어 말하면 그렇게 되어야 AI가 제대로 발전할 수 있다. 종교적 사고방식이 상식인 사회에서 과학이 발전하기 힘든 것처럼 과학적 사고가 계속 상식으로 남아서 확률적 사고를 억누르는 사회에서는 AI가 완전히 발전하기 힘들다.

확률적 사고의 기본적 특성은 3장에서 설명된다. 하지만 그것을 적용한 결과는 4장에서 다룰 것이다. 5장과 6장에서 설명하는 AI 교육도 확률적 사고란 어떤 것인가를 알려주는 구체적 예가 될 것이다. 근대교육의 핵심이 과학적 사고에 있듯이 AI 교육의 핵심도 확률적 사고에 있기 때문이다.

이유가 아니라 답이 중요하다

AI의 가장 분명한 특징은 그것이 데이터와 컴퓨터 최적화로 만들어지는, 인간이 이해할 수 없는 답이라는 점이다. AI는 데이터 안에 존재하는 규칙을 찾아낸 것이며 우리는 일반적으로 왜 그런 규칙이 존재하는지 알지 못한다. 과학적 사고방식은 정확한 원인을 탐구해서 이해 가능한 설명을 만드는 것을 추구한다. 하지만 확률적 사고는 이를 무시한다. 어떤 것이 답인 이유나 설명은 그렇게 중요하지 않다. 정확한 원인을 알기란 대개 불가능하다고 생각한다. 인간은 유한하다. 우리는 다만 가능한 한 최선의 답을 구해서 지금의 상황에 대처할 뿐이다.

이유를 찾으려는 노력이 언제나 좋지는 않다

이유를 모르는 규칙과 마주치는 것은 일상에서 흔히 일어나는 일이다. 예를 들어 당신이 어떤 카페에 갈 때마다 화장실이 고장 나서 쓸 수 없다는 것을 발견했다고 하자. 당신은 그 카페에 열

번 이상 갔는데 그때마다 화장실이 고장이 나 있었다. 이러한 경험에 따라 당신은 앞으로도 그 카페에서는 화장실을 쓸 수 없을 거라고 예상하게 된다. 우리는 이런 식으로 경험에서 규칙을 발견한다. 왜 그런지를 알 수 있으면 좋을 것이다. 그 카페에서 화장실을 쓰지 못한 이유는 청소하기 싫어서 사장이 일부러 화장실을 잠가 놓기 때문일 수도, 카페 점원이 당신을 싫어해서 거짓말을 하기 때문일 수도 있다. 하지만 이렇게 질문에 대한 정답이 존재한다고 해도, 우리의 경험 너머에 있는 이유를 일일이 찾을 수는 없다. 모든 일에 대해서 이유를 찾으려 한다면 우리는 아무 일도 하지 못할 것이다.

근대교육을 받은 우리는 무언가에 진지하게 접근하고자 할 때 대개 학교에서 배운 대로 논리적이고 과학적인 방법을 쓰려고 한다. 우리는 이유를 말해주는 설명이 없이 뭔가를 믿는 것은 합리적이지 않다고 학교에서 배웠다. 하지만 과학적이고 논리적인 접근이 언제나 성공하는 것은 아니다. 현실이 항상 학교에서 시험문제를 푸는 상황 같지는 않다.

과학적 방법은 특정한 환경에서만 통하는 것이다. 그 환경이란 첫째로 정확한 데이터가 많고, 둘째로 환경이 기본적으로 시간에 따라 변하지 않으며, 마지막으로 우리가 발견하려는 답이 단순한 경우다. 왜냐면 측정된 데이터나 알고 있는 사실들 속에서 답을 발견하는 것은 인간이기 때문이다. 수학적으로 말하면 이런 일은 저차원의 데이터에서만 가능하다. 인간이 천 자리 수를 외우기 어려운 것처럼 고차원의 데이터 속에 존재하는 법칙을 찾아내기는 거의 불가능하다. 뉴턴의 중력법칙이 거리와 질량이라는 단 2개의 변수들에만 의존하는 것에는 이유가 있다. 뒤집어 말하면, 그렇지 않았다면 뉴턴이 천재라 해도 중력법칙을 찾기 어려웠을 것이다. 만약 자연법칙이 100개쯤의 변수에 의존했거나 1년마다 변하는 것이었다면 현대 물리학은 발전하지 못했을 것이다. 그렇게 복잡한 법칙은 천문학적인 양의 데이터가 있어야 발견할 가능성이 있다. 과거에는 그런 데이터도 없었지만, 있었다고 해도 그로부터 어떤 법칙을 발견할 수는 없었을 것이다.

과학적 방법이 언제나 통하는 것이 아니기 때문에 의식적으로 논리적이고 과학적이려고 하는 것이 때로는 오히려 우리를 불합리하고 비효율적으로 만들 수 있다. 우리는 우리의 직관/감정을 과학/논리와 동등한 조언자로 취급해야 한다. 상황에 따라서는 직관이 과학보다 좋을 때도 있고 당연히 그 반대일 때도 있다. 우리는 과학만 믿고 인문학을 무시하거나 그 반대로 해서도 안 된다. AI 시대를 산다는 것은 이런 조언자의 목록에 AI가 추가된다는 것을 의미한다. AI의 조언은 직관과 마찬가지로, 과학적 사고와 다른 사고의 결과물이다. 과학적 사고에는 항상 답에 이해할 수 있는 이유가 붙어 있지만, AI의 조언은 그렇지 않다.

과거에 비하면 현대사회는 이미 훨씬 복잡해졌으며 앞으로의 사회는 지금보다 더욱 복잡하고 빠르게 변하는 곳이 될 것이다.

이런 세상에서는 대개 일이 너무 복잡하다. 사실들을 한껏 끌어 모은다고 해도 답이 직관적으로건 논리적으로건 쉽게 떠오르지 않는다. 미래는 미리 결정되어 있기는커녕 불확실하기만 하다. 이런 경우에는 인간의 직관도 우리를 자주 위험한 믿음으로 이끈다.

그래서 우리는 불확실성을 체계적으로 다루는 관점인 확률통계의 관점에서 세상을 보는 것이 필요하다(부록 1의 'AI와 데이터 분석'을 참조하라). 예를 들어 이런 질문들을 생각해보자. 새로운 고속도로를 건설한다면 미래에 얼마나 사용될까? 여러 노래들이 시장에 출시되었을 때 그중에서 어떤 노래가 가장 인기가 좋은 신곡이 될까? 불치병에 걸린 나는 앞으로 얼마나 살 수 있을까? 이런 질문들은 매우 중요하지만 이 질문들에 대해서 완벽하게 정답을 말하는 것은 누구에게도 불가능하다. 따라서 어떤 권위 있는 전문가가 그런 질문에 대한 답을 했다고 해도 우리는 그 답이 내일의 날씨를 예보하는 일기예보 같이 확률적이라는 사실을 함께 기억해야 한다. 유명한 경제학자가 방송에 나와서 올해 우리나라의 경제 성장률은 3%가 될 거라고 예측했다면, 우리가 가장 먼저 생각해야 할 것은 그가 아무리 유명한 사람이라고 할지라도 그것은 그저 추측일 뿐이라는 것이다. 그래서 누군가가 올해의 경제성장률이 3.21345%가 될 거라고 말하면 우리는 그 정확함에 감탄하는 대신 오히려 그를 의심하게 된다. 현실적으로 예측은 그렇게 정확할 수가 없기 때문이다.

불확실성은 답이라는 말의 의미도 바꾼다. 우리는 더 이상 답을 안다든가 모른다든가 하는 상황에 있지 않다. 이제 우리가 기대할 수 있는 것은 '정답'이라기보다는 '지금으로서는 최선의 답'이다. 설사 누군가의 예측이 정확히 맞았다고 하더라도 그것은 우연일 뿐이다. 이 세상의 많은 질문들에 누구도 계속 정확한 답을 말할 수 없다. 우리는 가지고 있는 자료들을 활용해서 가장 그럴듯한 답을 구해야 한다. 그러기 위해서는 되도록 많은 데이터를 모으는 것이 바람직하다. 그러나 제아무리 많은 데이터를 모은다고 해도 우리의 답은 언제나 틀릴 가능성이 있다. 데이터를 구하는 데 쓸 수 있는 시간과 에너지도 무한하지 않다. 빠르게 변하는 환경에서 데이터를 계속 구하다 보면 처음에 구한 데이터가 더는 유효하지 않을 수도 있다. 조건이 변하기 때문이다. 유행이 바뀌고 기상 조건이 바뀌고 예고 없이 놀라운 사건들이 터진다. 그렇게 되면 이전의 데이터는 의미가 줄어들거나 아무 의미가 없어진다.

확률적 사고가 제안하는 행동 전략

확률적 사고는 새로운 행동 전략을 요구한다. 이는 근대교육에 익숙한 사람에게는 이상해 보일지 모르지만, 불확실성이 높은 환경에서는 점차 당연해질 것이다.

확률적 사고가 말하는 행동전략은 자전거를 타는 것과 비슷하다. 자전거를 탄 사람은 정해진 시간 안에 적절한 판단을 해야 한다. 핸들을 돌리고 페달을 적절히 밟아야 하는데 우리에게는 언제나 시간 제한이 있다. 자전거는 앞으로 달려가고 있기 때문에 길의 모양이나 도로의 표면은 계속 달라질 것이다. 자전거를 탄 사람은 자기 주변의 환경을 계속 살피면서 적절한 행동을 선택해야 한다. 긴장해서 너무 자주 핸들의 방향을 조정해도 안 좋지만, 너무 긴 시간을 들여서 최선의 행동을 찾으려고 한다면 그 답을 찾기도 전에 자전거는 넘어지고 말 것이다. 우리는 주어진 상황에서 찾을 수 있는 최선의 행동을 재빠르게 취한 다음에 그 결과로 생기는 다음 문제를 또 해결해야 한다. 답은 절대적 최선이 아니어도 된다. 항상 그런 최선의 선택을 할 수도 없다. 우리의 선택이란 다음번 선택을 생각해볼 시간을 벌어줄 정도면 된다.

급하게 판단을 해야 하는 상황에서는 과학적 사고만으로는 답을 낼 수가 없다. 이럴 때는 직관이 큰 역할을 할 것이다. 직관이나 감정은 우리가 말로 표현할 수는 없지만 우리 안에 존재하는 경험을 통해 우리에게 조언을 준다. 많은 경험을 통해 얻어진 직관적 감을 우리는 무시해서는 안 된다. 수억 년의 진화 과정에서 우리에게 갖춰진 감정도 무시해서는 안 된다.

하지만 인간의 직관이나 감정도 틀릴 때가 많다. 행동경제학이나 심리학 분야에서 말하듯이 인간은 이야기에 잘 속고 특정 데이터를 지나치게 중시하며 가치 판단에 일관성도 없다. 20세기에는 이런 여러 가지 인간의 심리적 오류들을 논하는 책들이 아주 많이 나왔다. 그중 두 권이 앞에서 말한 나심 탈레브의《블

랙 스완》이고 다른 하나는 대니얼 카너먼의 《생각에 관한 생각》
이다.

예를 들어 나심 탈레브는 서사 오류라는 심리적 오류를 소개
한다. 서사 오류는 우리가 세상에서 보는 일들을 가지고 이야기
를 만들기를 좋아하고 그렇게 만들어진 이야기를 더 그럴듯하게
여기는 경향을 말한다. 정신적 에너지를 절약할 수 있기 때문인
지, 사건들을 인과관계가 있는 것처럼 나열해서 만든 이야기는
사람들에게 심리적 안정감과 만족감을 준다. '왕이 죽었다', '왕
비도 죽었다'는 두 개의 사건은 왕이 죽은 후 슬픔 때문에 왕비
도 죽었다는 식으로 연결해서 이야기를 만들 때 더 만족스럽다.
그래서 우리는 너무 자주 이야기를 혹은 이론을 만든다. 우리는
행복과 부와 건강과 성공에 대한 이론을 만들기를 좋아하고 그
렇게 만든 이론이며 이야기로 스스로의 눈을 가린다. 그 이론에
맞지 않는 것은 보지 못한다. 편견에 빠지는 것이다.

대니얼 카너먼은 《생각에 관한 생각》에서 직접 대면을 통한
장교 평가가 단순한 통계 분석에 의한 판단을 능가하지 못했던
사례를 소개한다. 비슷한 예를 보여주는 〈머니볼〉이라는 영화도
있었다. 한때 미국에서는 야구선수를 뽑을 때 선수의 잠재력을
데이터보다 스카우터의 감에 더 의존해서 판단하는 것이 일반적
이었다고 한다. 하지만 영화에서 보여주듯 정확한 데이터에 근
거한 선수 선발이 훨씬 더 효율적이다. 인간의 직관이나 감정은
심지어 훈련된 전문가라 해도 한계를 보이는 일이 많다.

이러한 한계 때문에 AI의 시대에는 AI가 우리의 또 다른 조언자 역할을 할 것이다. AI는 데이터에 기반한 확률추론의 결과물이다. 그리고 기본적으로 이유를 추구하지 않는 통계적 분석은 뉴턴역학이 모범적인 예로 보여주는 과학적 분석과는 다르다. 하지만 다가올 시대에는 교육, 금융, 의료, 취업, 세금관리 등 여러 분야에서 통계에 기반해 행동해야 할 일이 많다. 자세한 이유를 몰라도 빠르게 적절한 행동을 취하지 못하면 우리의 삶은 정상 궤도를 탈선할 수 있다. 주변환경이 인간이 이해 불가능하게 복잡하고 빠르게 변할수록 직관과 과학과 AI 중에 AI를 믿어야 할 경우가 점점 더 많이 생길 것이다. 이미 사람들이 길을 찾을 때 실시간 교통상황을 반영하는 내비가 찾은 경로를 믿듯이 말이다.

우리는 논리적인 이유를 모를 때도 데이터로부터 답을 찾을 수 있다. 물론 이렇게 찾아낸 답, 즉 AI를 신뢰하려면 많은 데이터가 필요하고 컴퓨터 최적화에 대한 신뢰도 필요하며 무엇보다 그렇게 찾아낸 답이 유용하다는 것을 반복적으로 경험하는 일이 필요하다. 즉 자동차가 어떻게 자율운전을 할 수 있는지 몰라도 자율운전 AI가 운전을 제대로 하는 것을 경험할 필요가 있고, 왜 유전정보로 단백질의 구조를 예측할 수 있는지 몰라도 AI가 예측한 단백질의 구조가 정확하다는 것을 경험할 필요가 있다. 접촉이 없는데도 멀리서 힘이 발휘된다는 중력의 법칙이 처음에는 믿기 힘든 것이었지만 그것에 기반하여 만들 수 있었던 과학적 설명들 때문에 중력의 법칙을 믿게 된 것처럼 말이다. 과학 이론이 정확한 검증을 거쳐서 믿을 수 있는 것이 되듯 AI도 방대한 데이터와 반복된 검증이 있을 때 믿을 수 있는 것이 된다. 이것을 기억해야 한다. 그러지 않으면 과학적 사고에서 확률적 사고로 사고를 전환하는 것이 아니라 전근대적인 생각으로 돌아갈 수 있다. 불확실성이 높은 환경에서 과학적 접근이 가지는 한계를 말하는 것을 미신과 초자연적 설명의 합리화로 여겨서는 안 된다.

확률적 사고는 우리의 무지를 되돌아보게 하고 우리가 세상을 이해하는 방식에 대해서 다시 생각해보게 한다. 우리의 한계를 인정하고 세상에는 우리가 설명할 수 없는 무지와 불확실성이 존재한다는 사실을 받아들이는 것이 확률적 사고의 핵심이다. 모든 것은 유한하다. 인간도 AI도 과학도 한계를 가진다. 이런 사실을 받아들이는 것이 사람들로 하여금 인과관계를 자세히 따지는 것을 멈추고 확률적 사고를 따르게 한다. 세상의 일들을 데이터에 기반한 확률로 보게 만든다. 우리가 뭔가를 확실히 안다는 생각은 우리를 옛날의 사고로 돌아가게 만들거나 겉보기에만 그럴듯한 계산에 속게 만든다.

✕ 메타인지가 중요하다

AI 시대에는 메타인지가 중요하고 프레이밍이 중요하다. 메타인지는 자신의 사고 과정을 인식하고 조정하는 능력을 말하고, 프레이밍은 특정한 상황이나 정보를 바라보는 관점인 프레임을 정하는 것을 말한다. 체스를 둘 때 지금 이 수를 두면 어떻게 될까를 고민하는 것이 일반적인 사고라면, 자신이 지금 너무 공격적으로 두고 있지는 않은가 하고 생각하는 것이 메타인지다. 메타인지가 있으면 자신이 지금 어떤 프레임을 쓰고 있는지를 알아차릴 수 있다. 프레임을 인식하는 경험들이 반복되면 메타인지 능력이 늘어난다.

AI 시대는 각각 서로 다른 규칙과 문화가 작동하는 수많은 구획들로 이루어진 시대일 것이다. 그래서 지금도 그렇지만 AI 시대는 더더욱 다중 정체성의 시대일 것이다. 우리는 같은 날에 학생이 되기도 하고 선생이 되기도 하며 소비자가 되었다가 생산자가 되기도 한다. 이렇게 다른 역할들을 오가면서 각각의 상황에 맞는 판단과 행동을 하려면 자신이 지금 어떤 맥락에 있는지를 인식하는 메타인지가 필수적이다. 하나의 보편적 규칙이나 상식 혹은 하나의 정체성이 언제나 통용된다는 생각은 문제를 일으킨다. 아래에 바로 설명하겠지만 이 능력은 AI를 만들 때도 사용할 때도 아주 중요하다. 이러한 메타인지 능력을 개발하는 것은 단순히 지식을 습득하는 것과 다르다. 메타인지는 지속적인 자기관찰과 성찰을 통해 길러지는 마음의 근육과 같은 것이다.

우리는 왜 메타인지가 필요한가?

앞에서도 언급한 대니얼 카너먼은 사람이 선택을 하기 전과 후에 자기 결정에 대해 다르게 판단한다는 것을 보였다. 예를 들어 두 직장 중 어디로 갈 것인지 결정할 때 선택을 하기 전과 후에 자기가 선택한 것에 대한 가치 평가가 달라진다.

선택을 하기 전에는 비슷한 가치로 느껴지던 더 많은 여유시간과 더 많은 급료가 어느 쪽이든 선택을 한 후에는 자신이 가진 것이 더 좋아 보인다. 그래서 일단 더 많은 급료를 선택하면 그 급료를 포기하고 여유시간을 추구하기가 힘들고, 반대로 더 많은 여유시간을 선택하면 그 여유시간을 포기하고 더 많은 급료를 추구하기도 힘들다. 우리가 어떤 선택을 한다면 우리는 그 선택이 우리를 바꿀 거라는 것도 기억해야 한다. 우리는 객관적이고 일관성 있는 존재가 아니다.

어빙 고프먼은 《프레임 분석(Frame Analysis)》에서 프레임을 소개하고 사회적 현실은 여러 층의 프레임이 중첩되어 구성된다고 지적했다. 즉 우리의 일상은 단 하나의 일관된 입장과 규칙이 관철되는 것이 아니다. 그것은 장소에 따라서 관행적으로 다른 규칙을 가진 게임이 되는 것처럼 서로 다른 프레임을 가지고 하는 행동들로 조각조각 나뉘어져 있다. 철학자 비트겐슈타인은 그의 후기 철학에서 인간의 언어 자체가 이렇다는 것을 지적했다. 즉 인간은 어떤 보편적 규칙을 통해 언어를 배우지 않는다.

이는 과학적 사고와 극명히 다른 점이다. 과학적 사고는 보편적 객관적 지식을 다룬다. 그래서 과학은 보편적 규칙에 따라서 일관성 있게 펼쳐지는 지식 체계라고 할 수 있다. 그런데 인간의 삶은 이미 그렇지 않다. 세상이 점점 더 복잡하고 빠르게 변하는 AI 시대에는 더욱 그럴 것이다.

AI 시대를 위한 확률적 사고는 그래서 메타인지를 강조한다. 우리는 유한한 존재이며 세상 모든 일을 한꺼번에 다룰 수 없다. 우리는 우리가 항상 어떤 박스 속의 지식들, 경계 안의 지식들을 다루고 있다는 사실을 기억해야 한다. 세상은 여러 가지 프레임, 여러 가지 게임들로 채워진 다원주의적인 곳이다. 우리는 지금의 우리가 가진 주변환경의 특징을 보편적 법칙으로 여겨서는 안 된다. 환경이 변화하고 규칙이 바뀌는 시간과 공간의 경계를 인식하는 것이 꼭 필요하다. 내일의 게임은 오늘의 게임과 같지 않을 수 있다.

AI는 항상 어떤 시스템에 대한 것이다. 그리고 그 시스템이 분명하게 정의되고 간결하게 표현될수록 좋은 AI를 만들기 위한 데이터도 덜 필요하고 최적화를 하는 컴퓨터의 계산 속력이 덜 빨라도 된다. 현실적으로 AI는 항상 유한한 시스템을 전제하고 만들어진다. 예를 들어 자율주행 AI는 자동차를 포함하는 교통 시스템에 대한 데이터로 만들고, 바둑 AI는 바둑 게임에 대한 데이터로 만들며, 챗GPT 같은 LLM은 인간의 언어활동에 대한 데이터로 만든다. 데이터는 그냥 존재하는 것이 아니라 주어진 시스템에 관해서 특정한 형식으로 존재한다. 즉 AI를 만들 데이터를 생산하는 시스템을 분명하고 유한한 경계를 가지고 정의해야 AI를 만들 수 있다. AI가 소통을 위한 미디어라고 할 때 우리는 먼저 우리가 어떤 시스템과 소통하려고 하는지를 결정해야 한다.

AI가 유한한 시스템을 전제하고 만들어진다는 것은 우리가 AI로부터 얻은 답을 어떤 특정한 맥락 속에서 해석해야 한다는 것을 의미한다. 유한한 시스템에는 바깥 세계가 있다. 이 때문에 AI의 답은 객관적이거나 가치 중립적일 수 없으며 인간의 메타인지와 함께 사용되어야 한다. 이 같은 사실들은 AI를 만들거나 사용할 때 꼭 기억해야 하는 것이다.

예를 들어보자. 여기 한 부모가 어린 자식과 보드게임을 하고 있다. 어린 자식은 최선을 다해 게임에서 이기려 들지 모르지만, 부모는 보드게임을 이기는 것 이상으로 부모와 자식이 좋은 시간을 가지는 것 그리고 가능하면 아이에게 좋은 교훈을 주는 것이 중요하다는 것을 알고 있다. 이러한 부모의 생각은 보드게임

규칙의 바깥에 있는 것으로, 이것이 내가 말하는 메타인지의 좋은 예다. 여기서 부모는 게임을 하면서도 게임을 하는 스스로를 인식하고 있다. 이러한 메타인지에 따르면 보드게임을 하는 최선의 수는 언제나 게임을 이기는 수가 아니다. 가끔은 져주는 것이 게임을 하는 본래의 목적에 맞다.

AI는 어떤 시스템에 대한 데이터로 만드는 것이며 그 시스템은 유한하기 때문에 모든 AI는 그 시스템의 바깥을 갖는다. 그리고 인간은 AI와 함께 일할 때에 그 시스템의 바깥을 언제나 기억해야 한다. 애초에 어떤 시스템에 대해서 혹은 어떤 문제를 풀기 위해서 AI를 만들 때도 우리는 그 시스템의 바깥쪽을 생각할 필요가 있다. 그러므로 인간은 AI를 만들 때도 사용할 때도 메타인지가 필요하다.

우리는 이를 내비게이션을 써서 길을 찾을 때도 느낀다. 내비는 우리가 목적지를 주면 자기 나름의 판단에 따라 최선의 길을 우리에게 가르쳐주는 프로그램이다. 그렇지만 우리는 개인적인 이유로 이 최선의 길을 따르지 않기도 한다. 때로는 돌아가는 길을 더 선호할 수도 있는데, 예를 들어 그 길이 더 경치가 좋다거나 도로의 상태가 더 양호하다는 것을 알기 때문이다.

오봉근이 쓴 《메타인지, 생각의 기술》은 메타인지가 AI 시대에 중요할 거라고 주장하면서 메타인지가 층층의 구조를 가지고 일어난다고 설명한다. 말단 사원에게는 말단 사원의 관점이 있고 중간 간부와 경영자는 문제를 바라보는 다른 관점이 있다. 이처럼 현실사회에서 존재하는 문제는 언제나 겹겹의 구조를 가지고 있다. 바둑 게임처럼 분명한 경계가 있거나 승부가 정해지면 끝나는 문제가 아니다. 바둑이 끝나도 우리의 삶은 계속된다. 따라서 말단 사원은 말단 사원의 일만 잘하면 되는 게 아니다. 그는 메타인지를 발휘해서 무엇이 중간 간부에게 중요한가까지 생각해야 한다. 나아가 경영자에게 중요한 것이 무엇인가까지 생각할 수 있으면 더 좋을 것이다. 그럴 때 매우 생산적으로 일하는 사원으로 평가될 것이다.

AI는 메타인지 능력이 없다

중요한 것은 AI는 이런 메타인지 능력이 없다는 것이다. AI는 학습을 할 수 있다. 무한히 많이 학습할 수 있고 계속 개선될 수 있다. 그래서 어떤 측면에서는 인간의 능력을 가볍게 초월할 수 있다. 하지만 노엄 촘스키가 《인간이란 어떤 존재인가》에서 인간의 한계를 말하면서 설명하듯이, 그 말이 제한이 없다는 뜻은 아니다. 인간이 영어를 무한히 공부한다고 그리스어를 하게 되는 것이 아니듯이 바둑 AI가 학습을 많이 하면 챗GPT가 되는 게 아니다. 주어진 AI에게는 주어진 문제의 틀 혹은 주어진 데이터의 형식이 있다. 다시 말해 AI는 인간이 처음에 정해준 학습의 경계 안에 있으며, 그 세계를 벗어날 메타인지 능력을 가질 수 없다.

이러한 AI의 특징은 과학이 단 하나의 객관적이고 물리적인 세계에 대한 것이라는 점과 비교할 때 더욱 분명히 드러난다. 주어진 시스템에 대한 데이터를 통해 그 시스템을 잘 조작하고 이해하게 된다는 점에서 과학은 AI와 다르지 않다. 앞에서 말했듯이 과학의 기초는 자연에 대한 데이터 속에서 자연법칙을 발견하는 것이다. 하지만 과학에서 다루는 세계에는 그 외부가 존재하지 않는다. 과학은 단 하나의 시스템, 즉 이 우주에 대한 것이다. 그러므로 과학에서는 우주의 바깥에서 그 우주를 바라보는 시각 따위는 필요하지 않다. 물론 과학에도 만들어진 과학 이론을 그 이론의 바깥에서 관찰하는 메타적인 생각이 필요하다. 그것이 과학철학을 만들고 과학 혁명을 만든다. 하지만 과학의 대상이 되는 우주는 바깥이 없다. 우리는 우주의 바깥이 무슨 말인지도 모른다. 이 때문에 과학적 지식은 가치 중립적이고 객관적인 것이라고 말할 수 있고, 과학적 방법론을 모범으로 삼아서 전개되는 과학적 사고는 객관성을 주장하기 쉽다. 그 결론은 모두에게 언제나 어디서나 옳다고 생각하기 쉽다. 우리로서는 의심할 수 없는 사실로부터 객관적으로 보이는 논리적 전개를 통해 결론에 이르렀기 때문이다. 하지만 대부분의 유사과학도 이렇게 착각하면서 스스로 과학이라고 주장한다.

확률적 사고는 메타인지를 강조하고 객관성이라는 환상을 처음부터 경계하게 만든다. AI가 다루는 시스템은 항상 그 바깥이 있고 따라서 AI로부터의 답은 과학과 같이 객관적일 수 없다. 예를 들어 교통 시스템을 효율적으로 운영하기 위한 AI에는 교통 시스템보다 더 중요한 것이 있을 수 있다는 메타인지가 포함되어 있지 않다. 따라서 완벽한 자율주행 자동차란 어떤 의미에서 있을 수 없다. 왜냐면 그것은 우주 전체가 아니라 제한된 어떤 교통 시스템에 대한 것이기 때문이다. 그 시스템 밖에서 자율주행 자동차는 완벽할 수 없다. 예를 들어 전쟁 같은 극단적 상황에서는 교통신호를 무시하거나 자동차로 사람을 죽이는 행위가 정당화될 수도 있을 것이다. 하지만 사람을 죽이는 AI가 완벽한 자율주행 자동차라고 말하는 사람은 없다. 완벽한 바둑 AI를 어떤 경우에도 이기는 AI라고 부른다면 그런 AI는 가능하지 않다. 바둑의 규칙을 지키지 않는 인간을 이길 수 있는 바둑 AI는 만들어질 수 없기 때문이다. 즉 완벽한 바둑 AI는 유한한 바둑 시스템 내부에서만 정의될 수 있다. 그 AI에 바둑보다 더 중요한 것이 있을 수 있다는 생각은 포함되지 않는다. 마찬가지로 완벽한 자율주행 자동차를 말하고 싶다면 우리는 먼저 우리가 어떤 교통 시스템을 전제했는가를 말해야 한다.

AI의 객관성은 언제나 지역적이다

과학적 사고는 우리에게 객관적이 되라고 말한다. 인간과는 무관하게 존재하는 어떤 보편적인 법칙을 발견할 수 있다고 말한다. 하지만 확률적 사고는 그것을 거부한다. 질문이 있어야 답이 존재할 수 있는 것처럼 AI는 데이터와 소통할 시스템이 있어야 존재할 수 있다. 그리고 특정한 데이터가 존재할 수 있는 이유는 그것이 인간이 선택한 유한한 형태를 띠고 있기 때문이다.

AI를 만들 때 우리가 어떤 유한한 시스템을 다루고 있다는 사실은 데이터를 수집하는 단계에서부터 이미 분명하다. 그렇지 않다면 데이터라는 게 뭔지 정의할 수도 없다. 언어 데이터라고 하지만 그것은 결국 대부분 현대인들이 만들어낸 데이터다. 이미지 데이터라고 하지만 그것은 결국 특정한 환경에서 만들어진 데이터다. 벌이나 박쥐의 입장에서 이미지 데이터는 인간이 고려하는 데이터와는 다를 것이다. 기상 데이터에는 내가 어제 잠을 잤는지 안 잤는지 같은 정보는 포함되지 않는다. 인간은 어떤 식으로든 어딘가에서 무엇이 데이터인가를 정의하기 위한 경계를 정한다. 궁극적으로 우리는 0과 1로 된 디지털 신호로 데이터를 변환해야 AI를 만들 수 있다. 추상적이고 정의가 없는 말들로는 AI가 만들어지지 않는다. AI는 테두리를 가진 유한한 시스템과 명확한 틀을 가진 데이터에 대한 것이다. 그러므로 확률적 사고는 객관성을 거부하거나 그것을 재정의한다. 주어진 시스템의 내부에서만, 즉 지역적으로만 AI는 객관적일 수 있다.

AI는 데이터를 기반으로 하고 검증을 통해 그 안전을 확인해야 한다. 이런 의미에서는 객관적이다. 그러나 경계 없는 객관성은 아니라는 뜻에서는 주관적이다. 확률적 사고에서는 그래서 엄격한 객관과 주관의 구별이 없다. 유한한 설명은 언제나 유한한 프레임 안에서만 유효하기 때문이다. 그 프레임에서 벗어나려면 우리는 메타인지 능력을 발휘해야 한다.

절대적으로 객관적인 AI는 만들어질 수 없다. 원칙적으로 우리는 우리가 가진 모든 데이터를 써서 우리가 살고 있는 우주 전체를 학습하는 AI를 상상할 수 있다. 그러나 그런 AI는 무의미하다. 컴퓨터의 속력이 느리고 데이터가 부족해서 그다지 좋은 결과를 줄 수 없다. 바둑처럼 그 제약이 클수록 AI의 성능은 좋아진다. 그래서 엄청난 규모의 데이터를 쓰는 챗GPT 같은 AI가 바둑으로는 바둑 전문 프로그램을 이길 수는 없는 것이다. 게다가 절대적으로 객관적인 AI가 있다고 해도 그런 AI가 인간에게 쓸모가 있을 거라는 생각은 옳지 않다. 무한한 우주 속에서는 은하계도 작은 티끌이나 마찬가지다. 경계가 없으면 인간의 존재 가치도 따질 수 없다. 정말 가치 중립적인 AI라는 게 있다면 그 AI에게 인간의 존재나 편의 따위는 그리 중요하지 않을 것이다. 이 우주는 인간 말고 다른 게 훨씬 더 많기 때문이다.

그래서 요즘 미디어에서 많이 말하는 일반인공지능, 즉 AGI 때문에 오해하는 일은 없어야 한다. AGI는 그게 무슨 말인지 자체가 논란의 여지가 있는 단어다. 하지만 그 정의가 무엇이 되었건 21세기까지의 데이터로 만들어낸 AI는 22세기의 상식과는 다른 답을 줄 것이다. 그러므로 절대적인 객관성을 가진 AI는 존재할 수 없다. 우리는 우리가 이해할 수 없는 무언가를 만들어놓고 그것이 객관적이라고 믿는 실수를 해서는 안 된다. 그리고 객관적이지 않을 때 일반(general)이라는 말은 알 수 없는 말이거나 기껏해야 매우 제한적인 의미만 가진다.

AI의 발달은 근대적 사고가 말하는 객관성에 질문을 던지게 만든다. 이는 일찍이 포스트모더니즘 철학자들 같은 과거의 사상가들에 의해서 이뤄진 일이다. 사람들은 이미 프레이밍을 통해 한 명의 인간이 어떻게 특정한 가치 판단을 하도록 유도될 수 있는지 알고, 또 수많은 다른 환경에서 다른 규칙에 따라 행동한다는 것을 안다. AI가 발달하면 지식과 이성의 주관성을 우리는 일상 속에서 더욱 생생히 느끼게 될 것이다. 우리는 AI란 더 큰 맥락 속에서 파악되고 해석될 수 있다는 점을 기억하고 우리의 메타인지 능력을 발휘해야 한다.

AI 시대에도 모든 판단을 AI가 하지는 않을 것이다. 어떤 의미에서 AI는 결국 아주 좋은 계산기다. 제한된 시스템에 대한 답을 인간 이상으로 잘 찾아주지만 그것은 인간이 정한 테두리 안에서 작동한다. 우리는 수익을 최대화하려는 목적을 가진 경제 게임에서 우리가 이길 수 있게 도와주는 AI를 상상할 수 있다. 하지만 그 AI를 사용하는 인간은 금전적 수익보다 더 중요한 가치도 있다는 것을 기억해야 한다. 우리는 단기적인 경제적 이익을 위해서 지구를 파괴하거나 자신이 속한 나라를 희생하고 싶지는 않을 것이다. 내비가 가르쳐준 길보다 다른 길을 선호하는 것처럼 돈을 좀 덜 벌더라도 더 행복한 삶의 방식을 택할 수도 있다. 확률적 사고는 이렇게 주어진 시스템을 넘어서 사고하는 것이 중요하다고 말한다. 결국 우리가 직면하고 있는 지금의 주변 환경과 그 환경에서 가치 있는 일은 과학처럼 객관적이고 보편적일 수 없기 때문이다.

✗ 인간의 가치는 시스템을 창조하는 능력에 있다

확률적 사고의 세 번째 특징은 그 안에서의 인간의 가치가 과학적 사고에서의 인간의 가치와 다르다는 점이다. AI 시대의 지식이라고 할 수 있는 AI는 인간의 가치관과 떼어낼 수 없는 관계를 가진다. AI 시대에서야말로 모든 것의 기준이 되는 것은 인간이다.

인간의 역할

2024년에 구글 딥마인드의 데미스 허사비스는 단백질 구조 예측에 대한 공로로 노벨 화학상을 수상했다. 하지만 그는 단백질 구조를 예측하는 법칙을 자신의 머리를 써서 찾아낸 게 아니다. 이제 지식과 답은 데이터와 컴퓨터 최적화를 통해서 찾아진다. 허사비스가 한 일 중 가장 가치 있는 일은 문제를 선택한 것이다. 즉 단백질 구조 예측이라는 가치 있고 재미있는 문제를 AI 패러다임을 통해서 풀 수 있다는 직관을 가진 것이다. 그리고 그는 실제로 단백질 구조 예측이라는 문제를 푸는 AI를 발견하는 데 성공한다.

인간의 한계를 인정하는 것이 확률적 사고의 시작이라면, 풀어야 할 문제를 정확히 정의하고 인식하는 것은 확률적 사고의 몸통이다. AI 시대가 아니어도 문제를 구성하는 능력은 소중하다. 잘 정의된 문제는 사람들로 하여금 문제를 쉽게 해결할 수 있게 해준다. 하지만 AI 시대는 지식을 인간이 아니라 컴퓨터가 생산하는 시대다. 과학적 사고에서 인간이 해야 하는 일이 대부분 과학적 설명을 구성하는 일이라면, 확률적 사고에서 인간이 해야 하는 일은 대부분 문제를 구성하는 것이다. 즉 제대로 질문을 던지고, 소통할 대상을 잘 정하는 것이다. AI 시대에는 그렇게 정해진 문제의 답이 저절로 구해진다.

그러므로 우리가 어떤 시스템을 상상할 수 있는가, 어떤 문제의식을 가지고 어떤 질문을 던질 수 있는가 하는 것이 더욱 중요해진다.

질문이 없으면 답이 없다. 그리고 질문을 던지는 것, 문제를 제기하는 것, AI를 찾아낼 시스템을 선택하는 것은 모두 같은 일이다. 내가 '시스템을 창조한다'라고 말하는 일의 첫 번째 의미는 시스템 설계자로서의 창조를 말한다. 예를 들어 인간이 교통 시스템을 창조하면 컴퓨터 최적화는 그 시스템 안에서 자율적으로 자동차가 다닐 수 있는 규칙을 찾는다. 그 결과물이 자율주행 AI다. 이런 것이 시스템의 창조이고 질문의 창조다. 이는 작은 세계를 창조하는 것과 같고 그 세계 속에서 자연법칙처럼 찾아낼 수 있는 유용한 지식이 AI다.

질문을 던지는 일이, 답을 만들어내는 일에 보다 집중하던 과학의 시대에 하던 일에 비해 간단한 것이라고 생각해서는 안 된다. 이것은 AI 시대에 필요한 가장 중요한 능력 중의 하나이므로 더 많은 예들과 함께 논의할 가치가 있다. '부록 2 문제의 구성'에서 다뤘지만, 여기서도 몇 마디만 하도록 하자.

어떤 목표가 있다고 해도 우리는 그것에 어떤 제약을 붙여야 한다. 제약과 목표가 합쳐질 때 만족스러운 결과가 나온다. 제약 없이 소리를 생성한다고 만족스러운 음악이 만들어지는 것은 아니다. 그러므로 어떻게 제약을 가하는가 하는 부분이 창의성의 핵심이 된다. 예를 들어 최고의 웨이터로봇이 나올 수 있는가는 그 로봇이 일할 식당 내부의 규칙에 달렸다. 규칙을 잘 설계하면 그 식당 게임은 손님과 주인 모두를 만족시키는 AI를 가진 로봇이 만들어지기 쉬운 시스템이 될 것이다. 그런 경우 인간들은 식당 게임에 참여하고 AI의 혜택을 누릴 수 있다. 이렇듯 좋은 문제제기에는 최적화가 필요한 제한이 있어야 한다. 단순히 '지금 배가 고프니 이 문제를 해결하자'는 것은 좋은 문제제기가 아니다. 그런 식의 문제제기는 도둑질도 해결책으로 삼을 것이다. 우리는 먼저 주어진 상황을 파악하고 우리의 목적과 우리에게 주어진 제약이 무엇인가를 분명히 해야 한다. 다시 말해, 게임의 규칙을 분명히 해야 한다.

이 같은 사실들은 AI 시대에 인간의 가치 판단이 아주 중요한 기준이 된다는 것을 보여준다. 이 세상에는 무한히 많은 시스템과 게임이 있을 수 있다. 그런 게임들을 만드는 것도 인간이고 그중 어느 것에 대해서 AI를 만들지를 결정하는 것도 결국 인간이다. 인간이 어떤 문제나 어떤 시스템이 흥미로운가를 결정해 줘야 그 시스템에 대한 AI도 만들어질 수 있다. 말하자면, 인간이 유클리드 기하학과 바둑 게임을 만들었고 그것을 흥미롭게 여기기 때문에 유클리드 기하학 문제를 푸는 AI, 바둑 게임을 이기는 AI가 만들어지는 것이다. AI 시대에 인간은 만물의 척도이다.

가치 판단의 차이

AI 패러다임과 과학에서 가치의 차이를 잘 보여주는 예는 이성과 감정의 구분이다. 과학에서는 객관적인 사실만 가치를 가진다. 다시 말해 과학 지식은 인간의 감정에 따라 그 가치가 판단되지 않는다. 예를 들어 중력의 법칙은 다른 누군가가 발견할 수도 있었을 것이고 뉴턴의 주관적 감정을 포함하고 있지 않다.

생산성 측면에서 지식의 객관성은 매우 중요하다. 주관적 정보는 서로 합쳐질 수 없다. 그래서 객관적이지 못한 감정이나 욕망은 되도록 억눌러야 한다. 과학의 이 같은 특징은 사람들로 하여금 객관적 지식을 수집하는 일에 골몰하게 한다. 퀴즈대회 우승자처럼 되는 것이 바람직해 보이게 한다. 지식을 수집할 때도 주관적인 면이 정보 안에 들어가지 않도록 세심하게 노력한다.

그래야 그 지식들을 조합하여 만든 논증이 유효해 보이기 때문이다.

과학의 시각은 기계적이다. 기계 속의 부품은 정확하고 객관적으로 움직여야지 주관적이고 감정적으로 움직여서는 안 된다. 주관과 감정이 인간의 일상에서 필요하다는 점은 분명하지만, 과학적 사고의 입장에서 그것들은 종종 방해가 되고 그 필요성도 분명하지 않다. 그래서 과학적 사고로만 채워진 사람의 눈에는 예술의 가치가 보이기 어렵다. 재미라는 말도 무시하기 쉽다.

과학적 사고에서와 달리 확률적 사고에서는 이제 더이상 이성과 감정을 구분하지 않는다. 문제의 답을 인간이 구성하지 않기 때문이다. 데이터를 인간이 다루지 않기 때문에 그것을 주관적인 것과 객관적인 것으로 나눠서 단순화할 필요도 없다. 예를 들어 이미 우리는 그림을 그리고 음악을 작곡하고 글을 쓰는 AI를 가지고 있으며 더 개선하려고 하고 있다. 더 좋은 음악의 기준은 뭘까? 인간이 좋아하는 것일 수밖에 없다. 아름다운 것은 좋은 것이다. 명쾌한 논리적 구조도 좋은 것이다. 다 가치 있는 것이다. 어떤 AI가, 즉 어떤 답이 옳은가 그른가를 판단하는 기준은 인간이다.

인간이 판단의 기준이기 때문에, 과학적 사고가 주장이나 가설의 객관적 증명에 대한 것이라면 확률적 사고는 설득과 공감에 대한 것이다. 즉 새로운 아이디어를 내놓으면서 이런 것이 좋지 않느냐고 사람들을 설득할 수 있는가, 혹은 다른 사람의 좋은 제안에 공감할 수 있는가 하는 것이 훨씬 더 중요해진다. AI 시대에는 인간이 좋아하고 가치 있다고 여기는 것이 중요한 것이기 때문이다. AI에게 인문학과 과학의 구별은 없다.

마지막으로 상대주의에 대해 생각해보자. 확률적 사고는 객관성을 추구하지 않는다. 이 말은 정말 뭐든지 허용되고 가능하다는 뜻일까? 아무 기준이 없는 윤리적 상대주의를 의미할까? 그렇지 않다. 노엄 촘스키가 말했던, 무한하다는 것이 무제한이 아니라는 말을 떠올리면 도움이 될 것이다. 우리는 영어 표현을 무한히 만들어낼 수 있지만 영어라는 언어가 그리스어를 포함하는 것은 아니고 자연수의 집한은 무한하지만 실수를 포함하지 않는다. 인간이 뭐가를 무한히 만들 수 있다고 해도 그 안에는 제약이 있다.

모든 소리가 음악으로 여겨지지는 않는다. 인간이 좋아하는 소리만이 음악이 된다. 다시 말해 모든 사람들이 자기가 좋아하는 소리를 만들어서 음악이라고 주장해도, 즉 음악에서 객관성이란 의미가 없다고 주장해도 여전히 지극히 제한된 종류의 소리들만이 음악으로 여겨질 것이며 그 음악들은 다른 동물들이 좋아하는 소리와는 다를 것이다. 이런 의미에서 말하자면 인간의 음악은 인간에 의해 정의된다고 할 수 있다.

마찬가지로 인간은 AI 시대에 무수히 많은 시스템을 만들 수 있다. 하지만 결국은 인간이 좋아하는 시스템만이 인기를 얻고 계속 존재하게 될 것이다. 인간은 무한한 가능성이 있지만 결국 유한한 유전적 제약을 가진 존재다. 그러므로 인간이 제약을 만들 것이다. 인간은 기술로 진화하는 사이보그다. 인간은 문자나 과학 같은 기술들 덕분에 그것들이 발명되기 이전과는 크게 다르게 행동하게 되었다. 문명화된 인간은 짐승과 크게 다르다. 하지만 여전히 인간은 모두 인간의 유전자에서 유전되는 많은 특성을 공유한다. 그것이 앞으로의 세상에서 어떤 문화가 인기를 얻을 것인가를 결정할 것이다. 최소한의 보편적 윤리를 결정할 것이다. 그래서 결국 AI의 시대도 인간의 시대다. 돌고래가 AI 기술로 지능을 얻어서 인간과 경쟁하지 않는다면 말이다.

참여자로서의 시스템 창조

내가 시스템을 창조한다라고 말하는 것에는 다른 뜻도 있다. 그것은 시스템에 참여하는 자로서의 창조다. AI는 데이터로부터 만들어진다. 그리고 참여자가 다른 시스템이나 게임은 다른 데이터를 생산한다. 그렇기 때문에 게임에 참여하고, 시스템에 참여하는 것은 한편으로 시스템을 창조하는 일이 된다. 게임이나 시스템은 규칙만큼이나 참여자로 이루어진다.

다른 참여자가 참여하는 게임은 같은 게임이 아니다. 멋진 선진국의 헌법이나 사법 시스템을 그대로 복사해 온다고 해서 다른 나라가 순식간에 그 선진국과 같은 나라가 되지는 않는다. 왜냐하면 사법 시스템이 돌아가는 데에는 시민들의 참여가 핵심적인 역할을 하기 때문이다.

바둑에서 지하철 시스템, 경제 시스템 그리고 언어활동에 이르기까지 중요하고 가치 있는 시스템이나 게임은 인간 참여자를 중요한 한 부분으로 가진다. 인간 언어를 배우는 AI는 그 언어를 쓰는 사람과 분리된 언어를 배우는 것이 아니라 특정한 인간들을 참여자로 하는 언어 게임을 배우는 것이다. 초등학생의 언어와 대학교수의 언어는 서로 다르다. 동네 초등학생들이 하는 축구와 세계 최고의 프로축구 리그의 축구는 같은 게임이 아니다. 참여자들이 다르기 때문이다. 여기에서도 메타인지가 중요한 역할을 한다. 말하자면 법이 있지만 윤리가 필요한 것처럼, 시스템의 공식적 규칙이 아닌 것도 그 시스템에 참여하는 인간을 통해 시스템에 영향을 미친다. 친목을 위해 축구를 하는 사람도 축구 게임을 이기려고 하지만 그 게임이 친목을 위한 것이라는 메타인지를 가지고 있다. 그래서 축구 게임은 무리 없이 진행될 수 있다. 메타인지 능력이 떨어지는 사람은 기본적인 상식을 무시하면서 축구를 하거나 운전을 하거나 선거에 이기려고 하는 사람 같아서 시스템을 망가뜨린다. 하나의 시스템, 하나의 게임은 그것이 포함되어 있는 더 큰 게임, 더 큰 시스템 속에서 참여와 협동을 전제한다. 배를 타고 낚시를 하는 사람이 낚시를 잘하겠다고 배를 파괴해서는 결국 낚시도 할 수 없게 된다.

확률적 사고가 이렇게 인간의 참여와 협동을 강조하는 것은 과학적 사고와 크게 다른 점이다. 물론 모든 문명적 업적은 인간 협동의 결과다. 과학적 업적을 이루는 일이나 근대적 사회 시스템의 건설도 수많은 사람들의 협동이 있었기에 가능했다. 피라미드 같은 거대한 건축물의 설계도는 한 사람의 머리에서 나올 수도 있지만 그것을 짓기 위해서는 아주 많은 사람들의 노력과 협동이 필요하다. 과학도 기술도 사회 시스템도 마찬가지다.

하지만 과학적 혹은 분석적 이해는 주관적인 인간의 마음을 설명하지 못한다. 인간의 협동이나 공감이 어떤 일의 원인이라는 것은 과학적 설명이 아니다. 그래서 과학적 사고는 인간을 무시하거나 고정해두고 객관적인 조건에 주목한다. 주택 단지를 건설하면 사람들이 와서 적응하고 마을을 만들고, 교통 시스템이나 경제 시스템을 만들면 사람들이 적응하고 그 시스템을 돌린다. 그럴 때 우리는 인간은 이러저러할 것이라는 가정을 의식적 무의식적으로 도입하지만 그런 인간 모델은 대개 매우 단순하다. 예를 들어 경제학은 인간을 자신의 물질적 이익을 최대화하고 싶어 하는 이기적 존재로 정의하고 시스템을 설계하고 분석한다. 경제학에서 인간 개개인의 서로 다른 복잡한 과거와 정서를 고려하고 싶어도 분석적으로 접근할 때 그것은 불가능하다. 그것은 인간이 분석적으로 이해할 수 있는 복잡도의 시스템이 아니다.

과학적 사고는 종종 독재적이다. 가장 지능적인 인간이 모든 객관적 지식과 법칙을 찾아내면, 그보다 지능이 떨어지는 인간들은 그렇게 찾아낸 지식과 법칙을 따르는 수밖에 없다. 거대한 지식의 건축물을 다시 만드는 것은 너무 힘든 일이기 때문이다.

그래서 인간을 중요하게 여기는 것이 근대라고 하지만 어떤 의미에서 가장 똑똑한 사람들 이외의 사람들은 무시받는 면이 있다. 그들은 그저 손발이 되고 일꾼이 된다. 그들은 시스템의 중요한 참여자이지만 사실상 노예라고 할 수도 있을 정도로 억압된다.

확률적 사고에서는 관점이 거의 거꾸로 뒤집어진다. 시스템에 인간이 적응하는 것이 아니다. 인간의 참여가 시스템을 만들고 그렇게 만들어진 시스템이 생산하는 데이터가 AI에 반영될 것이다. 이런 의미에서 AI가 모든 걸 해결하는 게 아니다. AI와 인간의 협동이 문제를 해결한다. 인간의 참여와 협동은 확률적 사고에서 훨씬 더 본질적이다. 인간이 AI를 속이려 들면 우리는 한없이 복잡한 데이터를 생산하게 된다. 그런 시스템에 대해 잘 작동하는 AI를 만드는 것은 훨씬 더 어렵고 소모적이다. 자율주행의 경우를 생각해보면 이걸 알 수 있다. 자율주행의 성공은 다른 자동차의 주행 패턴에 의존한다. 즉 다른 운전자들에 의존하는 것이다. 사람들이 시스템의 인간 의존성을 강하게 인식하는 것이 AI의 효율성을 좌우한다. 소달구지에 탄 사람의 실수보다 제트기에 탄 사람의 실수가 더 치명적일 수 있는 것처럼 이는 AI 시대에 매우 중요해질 문제다. AI의 이러한 점을 이해한 사람을 우리는 AI 시대를 위해 계몽된 인간이라고 할 수 있을 것이다. 인간의 협력 없이, 다시 말해 계몽된 인간 없이는 AI 사회는 잘 돌아가지 않는다. 야만적인 인간들로는 근대화된 사회를 유지할 수 없듯이 말이다.

인간 중심적인 시대

인간이 어떤 게임이나 시스템을 평가하는 가치의 기준이라는 것과 함께 인간의 참여와 협동의 가치를 생각하면, AI 시대는 오히려 근대보다도 더욱 인간 중심적인 시대라고 할 수 있다. AI 시대에 비하면 근대는 상대적으로 더 시스템 중심적이다. 근대의 시스템도 물론 처음에는 인간이 인간을 위해서 만들었지만 나중에는 시스템에 인간이 적응하는 수밖에 없었다. 하지만 AI 시대에는 보다 인간에게 맞춤형인 시스템을 만들 수 있다. AI는 인간을 시스템의 속박에서 해방시킬 것이다. 방대한 데이터를 통해 만들어지기 때문에 AI는 주관적인 인간이 시스템의 일부라는 것을 인정하고, 개개인의 차이를 무시하지 않으면서도 그 시스템을 운영할 방법이 있다. 어쩌면 경제학은 AI라는 방법을 얻은 뒤에야, 연구만 할 뿐 실제로 경제는 살리지 못하는 학문이라는 우울한 평판에서 벗어날지 모른다.

그러나 거기에는 인간의 협조가 필요하다. 아프가니스탄 같은 나라는 정치적 통합이 약했던 시기에, 지날 때마다 그 지역을 다스리는 집단에게 통과세를 내야 하는 지역들이 있었다고 한다. 산마다 산적이 있는 셈이나 마찬가지다. 이렇게 되면 자동차나 철도 기술이 있어도 물류 비용은 너무 커지고 따라서 시장경제가 돌 수 없다. 마찬가지로 AI 기술이 있어도 거짓말이나 과장을 하는 인간들이 쓰레기 데이터를 양산한다면 데이터 이용의 비용은 증가할 것이다. 그런 사람들이 활용하는 AI 기술은 어린애의 손에 들린 기관총과 같다.

　인간 대중은 시스템의 일부로서 사회가 지불할 비용을 결정한다. AI는 강력한 기술이다. 그 강력한 기술을 쓰는 인간들 중에 믿을 수 없는 사람이 있으면 우리는 그 사람을 소통에서 차단할 수밖에 없다. AI의 발전은 깨어 있고 교육받은 사람들의 참여 없이는 이뤄지기 어렵다. 침팬지에게 자동차를 주고 비행기를 준다고 해도 그들은 비행기로 사고만 낼 것이다. 마찬가지로 AI에 대한 이해를 기반으로 새로운 책임감을 가지고 새로운 문화를 만들어낼 수 있는 인간이 없다면 AI는 발전할 수 없다.

　AI의 발전과 안전은 다른 무엇보다 AI에 대한 이해로부터 나온다. AI의 시대에는 많은 새로운 시스템들이 만들어질 것이다. 아직 본격적으로 AI의 시대가 오지는 않았지만 우리는 이런 시스템이 어떤 것일지를 어느 정도 상상할 수 있다. 우버나 에어비앤비 같은 공유경제 산업은 IT 기술의 발달로 사회적인 연결이 많아지고 빨라져서 가능해졌다. 마찬가지로 AI가 정보를 빠르게 처리하고 사회적인 연결을 크게 증가시킬 때, 우리가 상상할 수 있는 새로운 시스템들이 나타날 것이다. 예를 들어 어려운 사람들을 돕는 구호 시스템이 더 효율적이고 투명하게 운영되는 것이 가능해질 것이다. 앞에서 말한 것처럼 AI는 메타인지가 없기 때문에 완전히 AI에 의해서 운영되지는 않겠지만 AI 없이 운영되는 지금보다는 훨씬 더 효율적인 운영이 가능할 것이다. 이것은 AI가 일자리를 없애기만 하지는 않는다는 것을 의미한다. AI의 발달로 시스템을 운영하는 비용이 줄어들면 지금은 지속 가능하지 않아 할 수 없는 사업도 미래에는 계속될 수 있다. 따라서 새로운 시스템도 많이 만들어질 것이고 관리자 일자리도 많아질 것이다.

많은 사람들이 걱정하는 것처럼 AI 시대는 인간의 가치가 사라지는 시대가 아니다. 생각해보면 당연한 일이다. 그것은 수렵 채집인이 문명사회를 보면서 저 사회에서는 인간의 가치가 사라진다고 말하는 거나 마찬가지다. AI 시대에도 깨어 있는 인간의 중요성은 매우 높다. AI 시대는 오히려 지금보다 더 인간 중심적이다. 인간에게 의미 있는 질문이 좋은 질문이다. 인간의 참여가 좋은 시스템을 만든다. AI 시대는 시스템에게 인간이 맞추는 것이 아니라 인간에게 시스템을 맞출 수 있는 시대다.

하지만 어떤 의미에서는 AI 시대에 인간 중심주의가 수정되는 것은 사실이다. 과학적 사고는 개인주의적이고, 모든 영광을 인간에게 돌린다. 하지만 확률적 사고는 보다 겸허하다. 왜냐면 확률적 사고는 지능과 해답이 연결을 통해서 만들어진다고 여기기 때문이다. 지능은 인간과 인간의 연결을 통해서 그리고 인간과 AI의 연결을 통해서 확장된다. 진정한 능력은 어떤 한 개인이 가지는 것이 아니라 연결된 망이 가지는 것이다. 우리는 환경을 잊지 않는다. 이런 의미에서 확률적 사고는 근대보다 더 공동체 중심적이다.

우리는 인간이 본래 태어날 때부터 지능적인 존재라고 말할 것이 아니라, 인간 개개인을 연결과 학습에 의해서 만들어지는 사이보그로 여겨야 한다. 유전적인 정보만으로 만들어진 갓 태어난 인간은 근대적인 의미에서 인간적이라고 불리는 특성을 모두 갖추고 있지 않다. 인간의 지능은 모두 타고나는 게 아니라 후천적으로 언어나 문자, 과학적 사고 같은 시스템을 통해 학습되며, 인위적으로 만들어진 시스템과의 결합 속에서 확장된 것이다. AI가 나타나기 전에도 인간은 이미 사이보그였고 근대인은 이미 교육받은 인간을 의미했다.

물론 인간의 타고난 유전적 특성은 아주 중요하다. 하지만 그게 전부는 아니다. 그리고 이제 AI 시대를 맞이하여 인간은 더 많은 것과 연결되고 더 많은 것을 배워서 전과는 다른 지능을 가지게 될 것이다. 아마도 미래에 우리는 지금이라면 마법으로나 생각할 이상한 일들을 일상적으로 하는 존재가 될 가능성이 크다. 하지만 그것은 개인인 나의 힘이 아니다. AI의 도움을 받으며 메타인지 능력을 가지고 연결된 인간들의 힘, 즉 지능적인 망의 힘이 그걸 가능하게 할 것이다.

지금까지 소개한 확률적 사고의 목적은 과학적 사고와 마찬가지로, 우리의 일상을 살고, 세상을 이해하고, 미래를 만들어가는 것이다. 그런데 확률적 사고는 어떻게 과학적 사고와는 다른 행동을 하게 하고 다른 꿈을 갖게 하는 것일까? 우리의 일상에서 확률적 사고는 과학적 사고와 어떻게 다르게 작동하는 것일까? 이것이 다음 장에서부터 우리가 더 구체화하면서 생각해볼 질문이다.

4장

확률적 사고의 적용

Ⅹ 여행의 목적

제주도에 여행을 가기로 했다고 하자. 세상에는 여행을 대하는 두 개의 뚜렷하게 다른 자세가 있다. 하나는 과학적 태도이다. 이 태도에 따르면 그 여행은 제주도라는 여행지의 객관적인 진실을 밝히기 위한 것이다. 그래서 모든 여행은 더 많은 정보를 얻기 위한 탐사여행이 된다. 우리의 탐사 여행은 시간의 제한이 있을 것이므로 우리는 사전에 제주도에 대해 이미 알려진 정보들을 최대한 많이 모아야 한다. 그러고 나서 제주도에 가볼 만한 곳들을 선택하고 주어진 시간 내에 다 가볼 수 있도록 동선을 생각해서 계획을 짜야 한다.

제주도에 도착하면 주어진 시간 내에 유명한 관광지며 맛집을 열심히 다녀야 한다. 많은 사람들이 좋다고 하는 장소는 하나도 빠뜨리면 안 된다. 그것은 제주도의 진짜 모습을 보는 데 실패하는 것이기 때문이다. 그렇게 해서 제주도의 유명한 장소를 전부 가보고 나면 우리는 제주도에 대해서 모르는 것이 없다고 말할 수 있게 된다. 누군가가 제주도에 대해 이런저런 말을 하면 자신 있게 여기는 가봤냐, 여기도 가보지 않고 제주도에 대해서 아는 척을 한다는 말이냐, 하고 말할 수 있다. 열심히 돌아다닌 덕에 제주도를 아는 사람이 된 나는 이제 제주도를 다시 갈 필요가 없다. 다시 간다면 그건 지난 번 여행이 완벽하지 못했기 때문이다.

여행에 대한 또 하나의 다른 자세는 확률적 태도이다. 이 태도에 따르면 그 여행은 하나의 게임이다. 다시 말해 그 여행에 참가하는 나는 제주도라는 게임을 하는 것이다. 여기에서도 물론 여행을 시작하기 전에 제주도에 대해서 기본적인 것을 아는 것은 좋다고 여겨진다. 하지만 적당하다라는 주관적 수준을 넘어서 제주도에 대해서 더 많이 아는 것은 오히려 피해야 한다. 남들이 좋다고 하는 곳이 어디인지를 너무 많이 알아두는 것도 피해야 한다. 만약 우리가 아주 위험한 곳을 간다면 안전을 위해서 더 많은 지식을 미리 준비하는 것이 좋을 것이다. 하지만 제주도처럼 위험하지도 않고 인터넷도 안 되는 곳이 없는 여행지라면 스마트폰과 신용카드를 가진 나는 사실상 거의 아무것도 준비할 것이 없다. 모르면 즉석에서 찾아볼 수 있기 때문이다.

확률적 태도에 따르면 마치 바둑이나 장기를 두기 전에 이 한 판의 게임이 어떻게 될지 모르는 것처럼, 여행을 시작하기 전에 이 여행이 어떻게 진행될지는 미리 알 수 없다. 물론 우리는 지나치게 낭패하는 일이 없도록 호텔이나 렌트카 정도는 미리 예약해둘 수 있다. 그렇게 하면 그 게임에서 숙박 장소라든가 차의 유무 부분은 고정된다. 여러 가지 방식으로 좀 더 규칙을 넣을 수도 있을 것이다. 어쩌면 테마를 정해서 여행을 설계할지도 모른다. 영혼의 휴식을 위한 여행, 자매의 우정을 위한 여행, 자기에게 상을 주는 여행, 건강을 돌보기 위한 여행. 그런 테마가 있으면 그에 따라서 우리는 여행을 설계할 수 있다. 만약 AI가 우리를 도와준다면 우리는 순식간에 여러 가지 여행을 설계할 수도 있다. 과학적 태도가 뭔가를 증명하는 것에 대한 것이라면, 확률적 태도는 제안과 공감에 대한 것이다. 우리가 만들 계획이 모든 다른 계획을 압도하는 궁극의 제주 여행 계획은 아닐 것이다. 하지만 다수의 사람들이 공감할 수 있는 계획이라면 가치는 충분하다.

나머지 부분은 임의대로 흘러가는 것이다. 숙소에 도착해 보니 앞의 마을이 산책할 만한 것 같으면 산책을 하고, 그러다가 들어가고 싶은 카페며 식당을 발견하면 그렇게 하면 된다. 비가 오면 어딘가의 처마에 숨어 비를 피하고, 사람들이 북적이는 가게를 보고 무작정 들어가거나, 왠지 멋진 곳이 나올 것 같다는 직감에 따라 여행할 수 있다. 그리고 그렇게 하다가 정말 멋진 곳을 찾으면 그곳에서 이만하면 충분하다는 생각이 들 때까지 머물 수 있다.

과학적 태도의 여행은 이게 안 된다. 과학적 태도의 탐사 여행에서는 미리 만든 계획에 따라 여행하다가 너무 좋은 곳을 발견해도 그곳에 오래 머물 수가 없다. 현실은 미리 조사한 자료와 다를 수밖에 없다. 왜냐면 나의 진짜 현실은 주관적이기 때문이다. 객관적으로는 별로 화제가 되지 않은 곳인데도 나에게는 그곳이 아주 좋을 수도 있다. 그저 그날의 날씨 변덕 덕에 우연히 그곳에서 기적 같은 경치를 볼 수도 있다. 바다에 돌고래라도 나타날지 모른다. 하지만 생각했던 것과 차이가 있어도 미리 만든 계획을 따르지 않으면 문제가 생긴다. 따라서 우리는 계획에서 벗어나 우연히 마주친 것을 더 볼 수 없고 서둘러 그 좋은 곳을 떠나야 한다. 반대로 정말 유명하고 좋다는 곳에 갔는데 생각보다 실망스러운 일도 벌어질 것이다. 그러면 아까 그냥 떠나왔던 좋은 곳이 생각난다. 하지만 어쩔 수 없다. 우리는 계획을 따라야 한다. 계획이 한번 망가지면 대책이 없다. 길고 치밀한 계획일수록 계획이 무너지면 치러야 하는 대가가 크다.

과학적 태도에서 불확실성은 싸워야 하는 대상이다. 여행이 미리 만든 계획대로 되지 않을 것 같으면 안간힘을 다해서 계획대로 일이 흘러가도록 해야 한다. 그러니까 A에서 한 시간을 쓰기로 했는데 예상치 못한 일이 생겨서(비가 온다, 아프다, 차가 펑크가 나거나 예정된 시간에 오지 않았다 등등) 시간이 지체되었다면 A에서 시간을 10분밖에 쓰지 못하거나 아예 그곳을 건너 뛰어야 할 것이다. 불확실성을 줄이려면 호텔이든 차량 서비스든 더 비싸고, 믿을 수 있는 서비스만을 사용해야 할 것이다.

확률적 태도에서 불확실성은 적이 아니다. 오히려 일이 예상과는 다르게 흘러가기를 기대한다. 장기를 두면서 지난번과 똑같이 판이 흘러가기를 기대하는 사람은 없다. 항상 모든 게임은 서로 다르다. 그것도 많이 다르고, 때로는 탄성이 흘러나올 정도로 깜짝 놀랄 일이 생긴다. 그래서 게임을 하는 것이다.

여행을 게임으로 생각하는 확률적 태도에 따르면 제주도에 한 번 다녀왔다고 제주도라는 곳이 갈 필요가 없는 곳이 되지는 않는다. 제주도는 내가 갈 때마다 다른 모습을 보여줄 것이다. 만약 그렇지 못하다면 그곳은 이미 너무 뻔한 곳이 된 것이다. 그러면 나는 제주도를 가지 않을 것이다.

과학적 태도와 확률적 태도 중 어느 한쪽이 언제나 옳은 것은 아니다. 앞에서도 말했지만 위험한 곳에 갈 때 우리는 과학적 태도를 가지는 것이 맞다. 한 걸음만 실수해도 목숨이 위험한 곳에 가면서 아무 정보도 없고 어떻게든 되겠지 하는 태도를 지니면 여행은 얼마 지속되지 못하고 큰 사고로 끝날 것이다. 앞으로도 과학적 태도는 많은 경우에 합리적인 것이 될 것이다.

하지만 여행이라고 하면 대개는 안전한 곳을 가기 마련이기 때문에 확률적 태도로 여행을 하는 사람들이 이미 많다. 특히 사회적으로 안정된 부유한 국가에 사는 사람들은 그럴 것이다. 그래서 여행을 하는 과학적 태도와 확률적 태도에 대해 여기까지 읽은 독자 중에는 '뭐야, 이런 거라면 나는 이미 확률적 태도를 따르고 있군' 하고 생각하는 사람도 있을 것이다. 그래서 중요한 것은 지금부터다. 우리는 여행이 아니라 다른 영역으로 우리의 관심을 확장할 필요가 있다.

예를 들어 우리의 인생은 위험한 경우일까, 위험하지 않은 경우일까? 위험할 수도 있고 아닐 수도 있다. 인생이 너무 위험하다고 생각하는 사람들은 아이를 키울 때 미리 계획을 잘 짤 것이다. 그 촘촘한 계획에 따라 아이는 인생을 살아야 한다. 소위 엘리트 코스를 밟는다는 것이 그런 예일 것이다. 계획에서 조금이라도 벗어나면 전체 계획이 망가지면서 감당할 수 없는 피해가 발생하기 때문에 우리는 모든 힘을 다해서 불확실성과 싸워야 한다. 그리고 그 계획이 촘촘하고 객관적일수록 아이나 부모의 주관적 느낌은 억눌러져야 한다. 뭔가 굉장히 뜻깊은 걸 배우고 있다 해도 아이는 다음 단계로 나아가야 한다. 반대로 아이가 지루해하고 괴로워해도 정해진 계획대로 따라야 한다. 특히 이미 몇 년을 그 계획대로 살아온 아이라면 이제까지 투자한 시간과 돈이 아까워서 계획을 바꿀 수 없다. 하지만 계획에 집착하는 것이 점점 문제를 키우고 결국 모두가 실망하는 일을 만들 수도 있다.

이와 같은 것을 생각하면 우리는 여행에서부터 교육, 취업, 사업 등 여러 분야에서 비슷한 문제가 발생한다는 것을 알게 된다. 시간에 따라 변하지 않는 환경인데 그것이 위험한 환경이라면 과학적 태도가 옳다. 한 번의 실수가 감당할 수 없는 문제를 불러올 가능성이 있다면 우리는 위험한 밀림을 탐험하듯 조심스레 탐험해야 한다. 과학 연구나 민감한 프로젝트를 수행할 때 즉흥적으로 문제에 접근해서는 아무것도 할 수 없을 것이다.

하지만 시간에 따라 빠르게 변하는 환경인데 위험하지는 않다면 확률적 태도가 옳다. 우리는 고정된 생각을 버리고 순간순간 게임을 하듯 흐름에 몸을 맡겨야 할 것이다. 어떤 일을 할지에 대해서 미리 짜놓은 계획에 연연하지 말고, 어쩌다 알게 된 것이 좋았다면 그것을 충분히 탐색하면서 자신의 판단을 믿어야 한다. 그렇게 하다 보면 소심해서 자기의 틀 안에 갇혀 지내는 사람들은 경험할 수 없는 세계를 접하게 될 것이다. 중요한 것은 재미와 충실한 시간이다.

근대교육이 가지는 문제 중 하나는 그것이 과학적 사고를 기반으로 하기 때문에 불확실성을 싸워야 하는 대상으로 여기게 만들기 쉽다는 점이다. 그래서 학교교육은 자연스레 투자를 도박이나 마찬가지인 나쁜 것으로 여기게 만드는 경향이 있다. 불확실성은 싸워야 하는 대상이고 부족한 정보는 무능의 증거다. 물론 관점에 따라 부동산 투자나 주식 투자를 부정적으로 볼 수는 있다. 고정적인 월급을 받는 생활을 하는 것이야말로 건전하다는 주장이 꼭 틀린 건 아닐 수 있다.

하지만 꼭 투자가 아니라 해도 인생은 불확실한 선택으로 가득하다. 그래서 항상 정답에 맞춰서 행동해야 하며 도박은 나쁘다는 태도로는 잘 살 수가 없다. 이 때문에 학교 안의 모범생이 학교 바깥에서는 바보가 되기 쉽다. 정답을 모르면 아무것도 할 수 없게 교육받았기 때문이다. 지금의 초중고 학교가 대학입시에만 매달리는 이유는 어쩌면 그것 말고는 다른 미래를 제시하지 못하는 것이 공교육의 문화이기 때문인지도 모른다. 다른 선택들은 너무 위험하고, 잘은 모르지만 일단 대학에 들어가는 것이 아마도 미래를 위한 길을 열어줄 거라고 생각하는 것이다. 대다수 대학조차도 잘은 모르지만 어딘가 취직하면 길이 열릴 거라고 생각하는 정서에 깊게 젖어 있어서 취업학원처럼 변해왔다. 완전히라고는 할 수 없겠지만, 마치 대기업 취업이나 공무원 시험에서 성공하는 길이 살아가는 유일한 길이라고 가르치는 분위기가 어느 정도 있다. 이런 교육이 극단적이 되면 이 교육의 엘리트는 어떤 면에서는 바보 같을 것이다. 아무것도 모르면서 세상일을 다 안다고 생각하게 된다.

AI의 시대가 온다는 말은 확률적 태도가 옳은 환경이 점점 더 많이 만들어진다는 뜻이다. 핸드폰도 없던 과거에 비하면 우리는 이미 어느 정도 그런 환경에서 살고 있다. 스마트폰을 가진 사람들은 인터넷이 되는 곳이라면 별로 걱정하지 않고 떠날 수 있다. 그럼 우리의 부탁을 빠르게 들어주고 모든 정보를 아는 AI 에이전트가 우리와 항상 같이 있는 상황이라면 어떨까? AI는 정보를 압축해놓은 것이고 정보는 다른 무엇보다 위기 관리와 관련이 있다. AI는 정보로 만들어진 방탄조끼다. AI로 둘러싸인 인간, 즉 기업화된 인간은 지금보다 훨씬 안전해질 것이다. 그리고 그 시대에 세상은 훨씬 빠르게 변할 것이다. 그 말은 그만큼 우리가 불확실성을 받아들이고 그 속으로 일부러 뛰어드는 것이 바람직하다는 말이다. 안전장비가 확실하다면 우리는 더 거친 모험에도 뛰어들 수 있다.

AI 시대로 더 깊숙이 들어갈수록 우리는 교육을 포함해서 우리의 인생 자체를 확률적 태도로 봐야 할 것이다. 우리는 미리 고정해둔 어떤 목적을 향해 나아가는 것이 아니다. 그런 태도는 AI 시대에 비현실적이다. 지금도 10년 뒤 20년 뒤의 세계가 어떤 모습일지 말할 수 있는 사람이 드물다. 앞으로 세상이 어떻게 될지 모르는데 객관적인 계획을 세우고 그 계획에 따라 사는 것이 가능할까? 유치원이나 초등학교 시절에 세운 계획이 그 아이가 성인이 되었을 때 의미가 있을까? 엘리트 코스에서 벗어나면 죽기라도 하는 줄 알고 거기에 매달리는 사람들은 세상의 변화에 따라 그런 계획이 무의미해지면 가장 큰 타격을 입을 것이다.

게다가 그런 사람들은 사회 전체로 봐도 별로 바람직하지 않다. 예상 가능한 길만 가고 있기 때문이다. AI 시대에 예상 가능한 길이란 데이터가 이미 많은 길이다. 다시 말해 가치가 별로 없는 길이다. AI 시대는 지능적인 망의 보호 아래서 모두가 한껏 예상치 못한 삶을 사는 시대다. 그런 실험들 속에서 모두에게 도움이 되는 새로운 발견이 나올 것이다. 그것이 가치 있는 데이터다.

이것들은 닭과 달걀의 문제처럼 서로 얽혀 있다. AI 시대가 오지 않으면 확률적 사고를 쓸 일이 적을 것이다. 하지만 확률적 사고로 사는 것이 마음에 든다면 우리는 AI 시대가 오도록 노력할 수 있다. 모두가 더 안전하고 자유롭게 살 수 있도록 말이다. 세상이 위험한 곳이라고 말하는 사람이나 세상을 자유롭게 탐험하라고 말하는 사람이나, 경우에 따라 모두 옳을 수 있다. 그래서 정말 중요한 것은 우리가 어떤 세상을 원하는가 하는 선택과 의지다.

우리의 삶은 고정되고 객관적이며 보편적 가치에 따라서 결정되는 것이어야 할까? 아니면 매일매일이 새롭고 가슴 두근거리는 게임 같은 것이어야 할까? 우리가 생각하는 객관적이고 보편적 가치란 실은 매우 작은 세계 속의 편협한 생각일 수 있다. 그 세상에서 인생은 그저 돈 잘 벌고 맛있는 거 먹는 것 정도의 가치일 수 있다. 우리가 그 세상을 탈출해서 더 넓은 세상을 보지 못하는 것은 실험정신이 부족하기 때문일 수 있다. 우리는 그보다는 새로운 경계를 열어가며 살아야 하지 않을까? 그게 더 의미있고 재미있지 않을까? 우리는 어떤 세상을 원하는가?

ⅹ 기업화된 인간의 소통과 협업 그리고 메타인지

AI 시대를 살아갈 기업화된 인간에게는 소통과 협업의 능력 그리고 메타인지 능력이 아주 중요하다. 이것은 기업에서 말단 사원의 입장과 기업을 경영하는 경영자의 입장을 비교해서 생각하면 분명해진다.

기계 속의 부품처럼 일하는 직장인을 생각해보자. 이런 직장인은 기본적으로 조직 내에서 자신이 해야 할 역할을 파악하고 그걸 정확히 해내야 한다. 이것은 마치 볼트와 너트를 주면 컨베이어 벨트 앞에 서서 그 두 개를 결합하는 일을 계속하는 것과 같다. 그렇게 결합된 볼트와 너트는 다음 사람에게 전달될 것이고 그 다음 사람은 그것에다가 다른 일을 할 것이다. 즉 어떤 입력이 있으면 정확하게 정해진 출력을 만들어서 다음 사람에게 전해주는 것이 기계 속의 부품이 된 직장인이 하는 일이다.

이것이 기계적 사고이자 과학적 사고에 따라 일하는 방식이다. 우리는 지금도 어떤 일을 여러 명이 할 때 그 일을 잘게 나누고 사람들에게 그 조각들을 나눠준다. 그러면 사람들이 그 계획 속에서 마치 하나의 부품처럼 일한다. 긴 수학의 증명에서 하나의 잘못된 계산은 전체 계산을 의미 없게 한다. 복잡하게 많은 부품을 가진 기계는 단 하나의 부품이 잘못되면 전체 기계가 멈춰 선다. 그래서 이런 방식으로 거대하고 복잡한 시스템을 만들면 그 부품 역할을 하는 사람들에게는 오류 없이 정확히 일을 하도록 더욱더 큰 압력이 가해진다. 10개의 부품으로 이루어진 기계와 1000개의 부품으로 이루어진 기계는 고장 날 확률이 전혀 다르다. 하나의 부품이 불량일 확률이 100분의 1이라면 전자의 경우 전체 기계의 고장 확률은 10% 정도지만 후자의 경우는 99.996%다. 10만 개를 만들어도 정상 기계는 4대 정도다.

이런 경우 부품에 해당하는 사람들 간의 소통은 거의 의미가 없다. 왜냐면 전체 시스템 안에서 정확히 정해진 일을 해내는 것이 다른 무엇보다 큰 미덕이기 때문이다. 불확실성은 존재해서는 안 되는 악이고, 사람들 간의 소통이란 각자의 임무를 나누는 계획을 세울 때나 그것을 수정하는 경우에만 필요하다. 전체 계획을 세우는 데 참여할 입장이 아니라면 그나마의 소통도 필요 없다. 결국 일을 주면 소통 없이 시키는 대로 하는 것이 말단 직원이 해야 할 일의 핵심이 되기 쉽다.

이번에는 기업의 경영자들이 소통하는 경우를 생각해보자. 경영자들은 자신을 위해 일하는 많은 직원들을 가지고 있다. 따라서 그가 다루는 문제들은 말단 직원의 일보다 훨씬 더 복잡하다.

이 경우 경영자의 일이 확률과 관련된 것이라는 점은 분명해진다. 불확실성은 피할 수 없는 것이고 미래는 예측 불가능하다. 빵을 포장하는 사람은 주어진 빵과 포장지로 계속 빵을 포장할 뿐이지만, 이번 달에는 어떤 빵을 얼마나 생산해서 어떻게 홍보할 것인가를 고민하는 경영자는 모든 판단이 확률적이다. 어떤 것도 확실하지 않다. 같은 판단을 한다고 해도 그것에 대해 얼마나 확신하는지가 중요하다. 내가 삼성전자의 주가가 오를 거라고 판단했다고 해도 그 판단이 옳을 확률이 99%인 경우와 51%인 경우는 그 판단의 의미가 전혀 다르다. 때로는 판단 자체보다 그 판단에 붙은 확신의 정도가 더 중요하다. 그에 따라 행동이 달라지기 때문이다.

그런데 AI 시대에 AI를 사용하는 사람은 마치 경영자 같은 입장이 된다. 기업화된 사람은 지금은 여러 사람이 하는 일을 혼자서 할 수 있기 때문이다. 이미 글라이드(Glide)나 재피어(Zapier) 같은 노코드 툴을 활용한 사무 자동화로 과거에 여러 사람이 하던 일을 혼자서 하는 사람이 많다. 사람들 간의 연결은 점점 더 편해지고 자동화되고 있다. 지라(Jira), 슬랙(Slack), 노션(Notion), 구글 워크스페이스(Google Workspace) 등 프로젝트 관리 도구나 메신저 서비스가 이미 널리 쓰이고 있고 AI는 빠르게 이런 서비스들에 통합되고 있다. 이런 서비스들은 더 적은 사람이 더 많은 일을 빠르게 해낼 수 있도록 도울 것이며 궁극적으로는 그들이 같은 사무실에서 같은 회사를 위해 일할 필요를 사라지게 할 것이다. 국내의 크몽이나 외국의 업워크(Upwork)처럼 프리랜서들의 서비스를 소비자와 연결해주는 서비스도 있다. AI가 발달하면 이 같은 서비스들은 소비자와 프래랜서의 연결이나 프리랜서 간의 협업을 더 효율적으로 촉진할 수 있을 것이다.

AI 시대에 사람과 사람의 소통은 말단 직원들 간의 소통에서 경영자들이나 관리자들 간의 소통으로 변화할 것이다. 경영자는 경영자처럼, 즉 바로 확률적 관점을 기본으로 소통해야 한다. 오늘날 문제는 너무 복잡하기 때문에 어떤 일들이 일어나는 이유를 다 알 수가 없다. 우리는 데이터에 기반해서 지금 할 수 있는 최선의 답을 구할 뿐이다. 우리는 같은 결론에 도달하더라도 어느 정도로 확신을 가지고 그런 결론에 도달했는가를 기억하면서 소통하고 행동해야 한다. 잘 모르는 일을 절대로 확실하다고 말하면서 주장해서는 집단의 판단을 망치게 된다. 많은 경우 결론 이상으로, 그 결론을 얼마나 확신하는지가 중요하다. 미국 연방준비제도의 의장이나 한국은행 총재는 그래서 극도로 말을 조심해야 한다. 그들이 사석에서 한 말 한마디가 미래의 금리인상에 대한 사람들의 확신에 영향을 미치는데, 그에 따라 경제에 큰 충격이 올 수 있기 때문이다. 정도는 다르지만 경영자들의 말은 다 그렇다. 관리자들은 그래서 관리자의 화법과 태도를 배워야 한다.

기업화된 인간은 사람이지만 하나의 기업처럼 움직이는 존재다. 그리고 이것은 앞으로 협업은 지금과는 전혀 다른 수준에서 이뤄진다는 것을 의미한다. 어떤 기업이 새로운 사업에 진출하려고 한다고 해보자. 그 기업은 아마도 새로운 직원을 뽑거나 그 사업에서 이미 성과를 올리고 있는 다른 기업과 협업하거나 합병하려고 할 것이다. 기존 직원을 교육시켜 새로운 사업을 위한 노하우를 개발하라고 하는 일은 없을 것이다. 그런 것은 대개 너무 시간이 걸리기 때문이다. 빠르게 변하는 세상에서는 시간이 곧 비용이다. 그러므로 기업화된 인간도 이렇게 행동하는 것이 자연스럽다.

필요한 것이 있을 때 기업화된 인간이 가장 먼저 생각하는 것은 그걸 누가 가지고 있는가이지 내가 그걸 어떻게 공부해서 배울 수 있는가가 아니다. 공부는 끝없이 해야겠지만 대부분 협업보다는 너무나 느릴 것이기 때문이다.

지금의 근대학교는 어떤 역할을 맡기 위해서는 그에 필요한 지식을 습득할 것을 권장한다. 그래서 이런 사고방식이 거의 없다. 누군가가 나보다 미적분을 백배 잘하는 것을 보면서도 미적분을 배운다. 그냥 '미적분 문제라면 저 친구에게 의존하면 되겠군'이라는 생각을 해서는 안 된다. 물론 협업도 언제나 쉬운 것은 아니다. 협업을 시작하면 그것 자체가 비용을 요구하고 시간과 에너지를 소모시키기 때문에, 모든 일을 협업으로 하겠다는 생각은 비현실적이다. 그러므로 우리는 항상 내가 직접 일을 하는 것과 협업을 하는 것 사이에서 어떤 경계선을 그을 수밖에 없다.

하지만 AI 시대라면 그 경계선의 위치가 지금과는 전혀 다를 것이다. AI라는 미디어로 무장한 사람들은 협업의 효율성을 높이고 지금보다 더 많은 문제들을 협업으로 풀려고 할 것이다. 뒤집어 말하면 협업의 중요성을 모르는 사람들은 시간 낭비만 하기 쉽다는 뜻이다. 이 때문에 우리는 앞으로 문제를 해결하는 일에 접근하는 방식을 바꿔야 할 필요가 있다.

AI 시대에는 혁신의 속도가 지금과는 다르고 기업화된 사람들은 지금의 직장인보다 훨씬 복잡한 일을 할 것이다. 앞으로의 세상을 살아갈 사람들은 어떤 하나의 기술을 배워서 평생 사회 속에서 고정된 역할을 하는 직장 시대의 인간과는 다르다. 사람과 사람의 관계는 이제 고정되지 않는다. 함께 일한 경험을 바탕으로 우리는 매번 서로 간의 관계를 조정할 것이다. 우리는 누구를 믿어야 하고 사람들의 말을 어떻게 해석해야 하는지를 경험을 통해 조정해갈 것이다. 같은 사람이 경우에 따라 다양하게 전혀 다른 역할들을 맡게 될 것이다. 어느 상황에서는 집단의 리더지만 다른 상황이 되면 단순한 일을 반복적으로 하는 잡역부에 지나지 않을 수도 있다.

이런 세상에서 제대로 살아가기 위해서는 메타인지 능력이 필수적이다. 복잡한 환경을 이해하고 자신이 지금 어떤 환경에 있는가를 인식해야 한다. 그 이해는 층층의 메타인지적 이해를 의미한다. 즉 지금 지역적으로 어떤 게임을 하는가를 이해할 뿐만 아니라 그 게임을 포함하는 더 큰 게임의 특성도 이해할 필요가 있다. 이런 메타인지적 사고는 결국 전략적 사고이다. AI 시대에는 전략적 사고를 하는 사람이 하는 말이 더욱 의미가 있고 중요해진다. 그런 사람이어야 어떤 협업이 필요한가를 이해할 수 있다. 고정된 역할밖에 이해하지 못하는 사람은 미래에도 부속품 같은 역할을 맡을 것이다. 전략적 사고를 가진 사람에게는 그에 걸맞은 경영자적이고 관리자적인 역할이 주어질 것이다.

𝑋 분석에 의한 이해와 비교에 의한 이해

과학적 사고는 환원주의적이고 그래서 분석적 이해를 제시한다. 환원주의는 어떤 것을 더 근본적인 작은 부분들로 이루어진 것으로 설명한다. 물질은 원자로 이뤄져 있고 원자는 원자핵과 전자로 이뤄져 있다는 식이다. 과학은 세상을 환원주의적으로 본다. 하나의 사건은 작은 원인과 결과의 쌍들이 연속되어 일어난 결과이다. 과학적 설명이란 수학적 증명처럼 우리가 의심할 수 없는 사실들에 기초해서 층층이 쌓아 올린 논리의 건물이다. 한 단계에서라도 오류가 있으면 전체 설명은 의미가 없다. 그래서 우리는 언제나 우리의 사고를 논리적으로 해부해서 단계 단계를 반복해서 확인하도록 훈련받았다. 과학적 이해는 이처럼 분석적인 이해다.

반면에 AI는 환원주의적이지 않다. AI는 문제를 논리적으로 분석하고 해결하는 방식을 택하지 않는다. AI는 데이터에 기반해서 문제의 답이라는 목표에 한꺼번에 접근한 결과물이다. 그 답의 내부적인 구조는 인간이 만든 것이 아니고 대부분 컴퓨터 최적화가 만든 것이다. 그러므로 인간은 AI라는 해결책을 이해할 수 없다.

　과학적 방법은 조각으로 분할할 수 없는 대상에 대해서는 잘 작동하지 않는다. 그럼에도 불구하고 과학적 방법의 성공 덕분에 우리는 세상을 조각조각 나누는 것을 당연하게 생각한다. 그래서 뭔가를 이해하는 일을 그것을 분석하는 작업과 동일시하는 습관이 들어 있다. 이 세계가 작은 입자들로 이루어져 있다는 뉴턴역학의 시각에 기반하여, 사회는 개인으로 이뤄져 있고 뇌는 뇌세포로 이뤄져 있다는 생각을 우리는 당연시한다. 하지만 과연 사회 바깥의 개인이 홀로 존재할 수 있는 것이고 뇌 바깥의 뇌세포가 홀로 존재할 수 있는가는 분명치 않다. 그것은 마치 뜨겁다와 차갑다라는 개념이 서로 분리해서 존재할 수 있다고 생각하는 것처럼, 서로서로 강력하게 상호작용하면서 존재하는 것을 분리하는 실수를 하는 것이 아닐까? 뇌와 분리되어 존재하는 하나의 뇌세포는 뇌 안에 있을 때와 같지 않을 것이다. 살아 있는 세포는 언제나 같은 방식으로 작동하는 기계 부품과는 다르게 자기 환경과의 역동적 평형상태에 있다. 그래서 물고기를 물에서 꺼내어 연구하는 것은 물고기의 평상시 행동을 알 수 없게 만든다.

　그렇다면 분할할 수 없는 것은 이해할 수 없고 다룰 수 없다는 것인가? 그렇지는 않다. 사람이라면 사회 속에서 친구도 만들고 적도 만들면서 서로의 생각을 이해할 수 없는 사람들과도 함께 살아가는 법을 익히기 마련이다. 우리는 이미 이해할 수 없는 대상과 함께 살고 있다. 그리고 분석적 방법이 잘 듣지 않는 경우가 많다는 것을 안다.

그렇다고 해서 우리가 아무것도 못하는 것은 아니다. 우리의 머리가 여러 가지 이론과 편견으로 채워져 있을 때 우리는 우리가 상대하는 사람과 세상이 진짜로 말하는 것을 듣지 못한다. 그럴 때 우리는 생각을 멈추고 그저 느끼려고 노력해야 한다. 마음을 차분하게 해야 한다. 어쩌면 명상이 도움이 될지도 모른다. 그렇게 해서 분석적인 마음을 멈췄을 때 우리가 느끼는 것이 종종 답을 가르쳐준다. 마치 친한 친구의 행동에서 말로 설명할 수는 없지만 뭔가 이상을 감지할 때처럼 말이다.

AI를 만들고 사용하는 것은 대상에 대한 정보를 모아서 그것과 소통하고 그것을 이해하는 방식이라는 점에서 친구를 사귀는 일이나 통역을 고용하는 일과 비슷한 면이 있다. AI는 우리가 이해할 수 없을 정도로 복잡한 대상 혹은 환경을 다루기 쉽게 만든다. 그것은 분석적인 접근과는 다르다. 예를 들어 여기 한 환자가 있다고 하자. 이 환자의 건강을 회복하기 위한 과학적인 접근은 이 환자의 몸을 분석적으로 이해하는 것이다. 그리고 그 이해 위에서 이 환자의 병을 고칠 방법을 찾는다. 이렇게 하기 위해서는 어느 정도의 일반화, 즉 모든 인간의 몸은 이러저러한 구조를 가진다는 식의 일반화가 꼭 필요하다. 왜냐면 그런 일반화를 통해

의료 데이터에 존재하는 규칙을 찾아내고 그 규칙에 기반해서 치료방법을 찾아내기 때문이다. 이런 과정에서 환자의 특수성은 잊히기 쉽지만 보통 그런 특수성은 의사의 경험이라는 영역에서 처리된다. 즉 의사는 마치 체스를 두는 것처럼 환자의 몸에 이런저런 변화를 가하면서 환자의 몸이 건강한 상태가 되게 하는데, 이때 경험에 비추어 환자마다 다르게 치료에 접근할 수 있을 것이다. 이런 의사의 경험이 전부 매뉴얼화될 수는 없다. 한국인과 미국인에게 하는 치료는 서로 달라야 할 것이다. 생활도 환경도 다르기 때문이다.

그렇지만 우리는 이런 과학적 접근과는 달리 비환원주의적 AI 의료를 상상해볼 수 있다. IBM 왓슨(Watson)의 종양 치료가 그런 예이다. 이 AI는 데이터에 기반해서 암치료를 제안하는데, 우리가 그 제안의 근거를 정확히 알지 못하더라도 실제로 효과는 좋을 수 있다. 이것은 마치 기계의 직관 같다. 이를 확장하여 만약 우리가 환자에 대한 방대한 데이터를 가질 수 있다면 그 데이터를 통해서 환자의 몸과 대화하는 법을 익힐 수도 있지 않을까? 마치 컴퓨터와 인간 사이에서 AI가 통역을 담당하면서 프로그래밍을 하듯이, 환자의 몸 상태에 어떤 변화를 가해야 환자의 몸이 좋아질 것인지를 데이터에 기반해서 찾는 것이다. 만약 평상시에 몸의 생체 데이터를 자세히 기록해 놓는다면 이런 치료나 신체관리도 가능할 것이다. AI가 끊임없이 우리 몸과 소통하면서 우리 몸을 최적의 상태로 유지시키는 것이다.

이것은 의료에서뿐만 아니라 생명이나 사회처럼 분석적으로 이해하기 어려운 것을 이해하는 또 다른 방법이 될 수 있다. 예를 들어 우리는 AI를 통해 지구와 소통하며 환경문제에 접근할 수 있지 않을까? 세상에는 데이터에 기반하여 시스템을 관리하는 예들이 이미 많다. 개인화된 건강모니터링 시스템도 있고, 기후환경 데이터나 도시 데이터를 다루는 시스템도 있으며, 농업을 위한 데이터, 뇌의 데이터를 다루는 경우도 있다. 이런 분야는 앞으로 AI가 발달하고 더 많은 데이터를 모을 수 있게 됨에 따라 더욱 향상될 것이다. 이미 뇌의 신호로부터 꿈이나 생각을 읽어내는 연구들이 있다. 동물의 언어를 해독하려는 연구도 있다. 이런 것들은 분명 과학적 분석적 접근과는 다르다.

우리는 이해란 무엇인가를 고민할 필요가 있다. 이해에는 꼭 분석적 이해만 있는 것은 아니다. 비교를 통한 이해도 있다. 이 책만 해도 나는 AI의 특징들을 말하면서 대부분 분할해서 다루지 않고 거시적인 특성들을 통해 전체적으로 AI를 파악하고 있다. 다시 말해 이 책은 기본적으로 AI를 AI의 외부에 있는 것, 이를테면 과학과 비교하면서 그 특징을 전체적으로 파악하고 이를 통해 얻을 수 있는 이해를 주로 말하고 있다. 분석적 이해와 비교를 통한 이해는 서로 다르며, 이를 이해하는 것은 확률적 사고의 중요한 특징이다. 확률적 사고는 분석이 불가능하다고 생각되는 경우에도 비교와 차이를 통해 대상을 이해하고 판단을 내린다. 데이터로 AI를 만들고, 그럼으로써 그 대상인 시스템을 잘 다룰 수 있게 되는 것도 비교를 통한 이해의 한 종류로 여겨야 한다. 시스템을 분할하지 않고 데이터를 통해서 도달하는 이해이기 때문이다.

　과학적 사고는 어떤 대상을 논리적으로 분할해서 설명한다. 그래서 AI는 기계라는 생각과 과학적 사고가 합쳐지면 AI는 당연히 분석적으로 이해해야 하는 것으로 오해되고, AI란 무엇인가에 대한 설명을 그 구조에 대한 설명으로 대체하기 쉽다. 하지만 AI를 분석해서 그 내부를 밝히면서 그게 어떤 것인지를 설명하는 일은 제한적이다. 엄밀하게 말하자면 AI는 분석적으로 이해할 수 없다. AI의 특성은 학습 모델이나 방법 이상으로 그 AI를 만들기 위해 학습한 데이터에서 나오는 것이기 때문이다. 어떤 옷을 입었건 나는 나이듯이 AI란 기본적으로 모습을 바꾼 데이터라고 할 수 있다. 따라서 그 데이터의 특성을 갖는다. 그런데 AI를 만드는 데 쓰인 데이터는 인간이 이해할 수 있는 것이 아니다. 그럴 수 있다면 기계학습으로 AI를 만들 필요가 없다. 인간이 직접 문제에 대한 논리적인 해결책을 만들면 된다. 즉 AI가 쓸모 있는 이유는 바로 인간이 문제와 관련된 데이터를 분석적으로 이해할 수 없다는 사실과 직접적으로 연결되어 있다. 그러므로 아무리 공학적인 세부사항을 다 알아도 결국 AI가 어떻게 지능적인 행동을 하는지를 진정으로 분석적으로 이해하는 것은 아니다. 따라서 AI를 우리 주변의 다른 기계나 과학 이론처럼 생각하고 접근하면 우리는 금방 한계에 이르게 된다. 나는 그래서 AI를 기계나 과학으로 생각하면 안 된다고 말하고는 한다. 그런 식의 이해도 나름의 중요한 의미를 가지지만 한계가 있기 때문이다.

그러나 내가 지금 설명하고 있듯이, 분석이 힘든 AI도 비교를 통해서 이해할 수 있다. AI를 쓸모 있고 안전하게 만드는 데는 비교를 통한 이해가 분석적 이해보다 오히려 더 중요하다. 더 구체적으로 말하자면 시스템에 대한 이해, 데이터에 대한 이해가 우리가 AI를 안전하게 만드는 법이자 제어하는 법이다. 우리는 무엇보다 문제의 정의, 환경의 테두리에 신경 써야 한다. 영어만 학습한 AI는 당연히 한국어를 알아듣지 못한다. 이 당연함은 바로 그 AI가 어떤 데이터를 써서 만들어졌는지를 이해하는 데서 온다.

AI를 지능을 가진 블랙박스 같은 것으로 여기는 태도는 더 많은 데이터를 넣으면 더 좋은 AI가 만들어질 거라는 생각으로 우리를 이끌기 쉽다. 하지만 더 많은 데이터를 써서 학습을 하는 것이 무조건 더 지능적인 결과를 가져오는 것은 아니며, 당연히 더 안전하지도 않다. 예를 들어 언어 데이터만이 아니라 사진과 음성 데이터도 함께 학습하는 멀티모달 AI를 만든다고 해서 그것이 언어 데이터에만 기초하는 LLM보다 반드시 더 지능적이고 안전하다는 보장은 없다. 멀티모달 AI와 LLM은 서로 다른 시스템에 대한 것이기 때문이다.

우리는 컴퓨터 최적화로 AI를 만들 때 우리가 AI에 어떤 재료를, 즉 어떤 데이터를 넣는가에 주목해야 한다. 지식의 영역과 최적화의 목적에 신경 써야 한다. 내가 읽어본 적 없는 열 권의 책에 나오는 내용으로 AI를 만든다면, 나는 그 책들의 내용을 모르지만 그 열 권에 포함되지 않는 내용을 그 AI는 모른다는 것을 안다. 즉 AI가 아는 영역과 모르는 영역을 구분할 수 있다. 우리는 이런 상황에서 AI로부터 조언을 받아야 한다. 그래야 AI를 안전하게 쓸 수 있고 때로는 AI의 조언을 합리적으로 무시할 수 있다. 또한 우리가 AI 웨이터 로봇을 만들 때 고객만족도를 극대화하는 것을 목적으로 삼았는지 가게의 수입을 극대화하는 것을 목적으로 삼았는지를 기억하지 못하면, AI 웨이터 로봇의 행동을 이해할 수 없을 것이다. 이 AI가 트랜스포머 네트워크 구조를 썼는지 아닌지 몇 개의 변수들을 가지고 있는지 하는 정보보다 이런 정보가 더 중요하다. 그리고 이 같은 정보는 바로 비교를 통한 이해에서 나온다.

⅋ 미래를 위한 비전

앞에서도 말했듯이 미래를 위한 근대의 비전은 기본적으로 더 훌륭한 사회라는 시스템을 건설하는 것이었다. 근대에서 이 세상은 하나의 거대한 기계다. 이 기계는 그 안에서 살아가는 인간들의 필요를 해결해줄 것이고 그것을 설계하고 만드는 것은 인간의 이성일 것이다. 이런 비전은 그 안에서 살아갈 인간이 어떤 존재인가도 가르쳐준다. 그들은 기계공, 설계자, 부속품이다. 근대는 기본적으로 직장인과 과학자의 시대다. 근대인이 모두 직장인이고 과학자인 것은 아니다. 하지만 많은 사람들이 직장에서 고정된 역할을 하면서 살아간다. 그리고 과학적 사고라는 것은 과학기술의 영역을 넘어서 사회 전체로 퍼졌다. 그래서 우리는 사실 확인을 강조하는 기자나 인문학자에게서도 과학적 사고를 배울 수 있다.

그러나 시스템이 너무 크고 복잡해짐에 따라 근대의 이러한 비전은 점차 위기에 직면하게 되었다. 이제 시스템 전체를 이해하는 인간도 없고 이해한다고 해도 전체 시스템을 개혁하는 것이 거의 불가능해 보인다. 하지만 이런 문제를 근본적으로 개혁할 만큼의 힘을 가진 대안은 이제껏 존재하지 않았다. 그래서 기계 속의 부품 같은 삶에 지쳐 여행을 떠나거나 산에 가서 살다가도 돈이 떨어지면 다시 도시로 와야 하는 일의 반복이 일어났다. 대안적 삶이 없다면 대안학교는 진정한 대안학교가 될 수 없었고, 근대교육을 비판하는 사람들도 학교의 본질을 바꿀 수는 없었다. 왜냐면 사람들이 살아가는 세상의 중심 질서는 여전히 같았기 때문이다. 그것은 뉴턴역학이 압축적으로 보여주는 과학적 사고였다.

하지만 AI 기술이 이제까지 풀지 못하던 문제들을 풀기 시작하면서 AI가 지금과는 완전히 다른 세상을 만들 기반이 될 가능성은 커지고 있다. 그리고 많은 사람들이 예측하는 것처럼 AI들이 점점 더 많은 문제들을 해결하는 세상이 조만간 온다면 우리는 미래에 대한 새로운 비전을 갖게 될 것이다.

그 비전은 새로운 소통과 협업에 대한 것이다. 지능적인 망의 건설에 대한 것이다. 이 망은 인간과 AI와 기계들의 망이며, 연결과 최적화를 통해 지금보다 훨씬 더 많은 것을 훨씬 더 효율적으로 해결하고 끝없이 진화할 수 있는 망이다. 또한 이 망은 기업화된 인간들이 소통하는 사회를 뜻하기도 한다.

이 비전에서 사회는 하나의 거대한 AI로 인식된다. 이 비전은 부분적으로 4차 산업혁명이라는 말로 10년 전 널리 선전되기도 했다. 하지만 당시에는 AI가 충분히 발전하지 못했고 사람의 변화보다는 기술의 발전이 먼저였다. 이제는 AI 기술이 현실 문제를 풀기 시작했다. 이제는 기술만큼이나 사람이 바뀌어야 한다. 전근대는 왕과 귀족의 시대였고 대부분의 사람은 태어나면 농사를 짓고 사는 시대였다. 근대는 시스템의 시대였고 대부분의 사람들은 태어나면 취직을 해서 직장인으로 사는 시대였다. AI 시대는 기본적으로 창업가의 시대, 경영자의 시대다.

AI 시대의 비전에서도 인간의 역할은 핵심적이다. 이제 인간은 누군가가 만든 시스템 안에서 주어진 명령에 따르는 사람이 아니라, 확률적 사고를 갖추고 빠르게 망의 상황에 반응하며 끊임없이 AI 에이전트에게 할 일을 줄 수 있는 사람이어야 한다. 마치 지금 사람들이 끊임없이 말하기와 글쓰기를 통해서 주변과 소통하며 살아가듯이 혹은 계속 팔다리를 움직이면서 살아가듯이 말이다. AI 시대에는 지금보다 더 창조하고 실험하고 설득하고 공감하는 사람이 되어야 한다. 소통과 협업이 지금보다 더욱 중요해진다. 이러한 변화 속에서 대중은 더욱 빠르게 협력하고 조직될 것이다. 그리고 이러한 대중의 힘은 토지, 자본, 기술 등 다른 모든 것들이 가지는 힘을 압도할 것이다. 따라서 대중을 설득하고 그들에게 공감받는 일은 실제로 빠르게 현실화될 것이다.

이 같은 일은 이미 현재진행형이다. 공유경제 사업은 자원을 공유하는 것의 힘을 보여주었다. 마치 연예인이나 사회혁신가처럼 보이는 스티브 잡스나 일론 머스크 같은 CEO는 하나의 사업에 대한 대중적 지지가 얼마나 중요한지 보여준다. 그들은 유튜브 방송이나 SNS를 통해서 대중과 직접 소통에 나서며, 대중이 특정 기업을 신뢰할 수 있게 만드는 중요한 역할을 한다. 만약 대중과의 직접적인 소통에 핵심적인 가치가 있다고 여기지 않았다면 그들은 큰 자금을 가진 투자자들만 만났을 것이다.

AI가 모든 것을 더더욱 빠르게 연결하는 시대에는 대중의 연결과 행동력이 더욱 빨라질 것이다. 크라우드 펀딩 같은 것도 훨씬 강력해질 것이다. AI의 도움을 받아서 우리는 훨씬 더 많은 시스템들을 시도해볼 수 있고 그 안에서 더 좋은 삶을 위한 답을 찾을 것이다. AI의 도움을 받아서 우리는 사회적 안전망에서 잊히는 사람이 없도록 할 수 있을 것이다. 사람들은 하나의 시스템에 얽매이지 않고 자유로이 자신이 좋아하는 시스템을 선택해서 원하는 방식으로 살 수 있을 것이다. 사람들은 하나 이상의 정체성을 동시에 가질 수도 있을 것이다. 마치 지금 우리가 서로 다른 인터넷 사이트에서 회원으로 등록하고 활동하듯이, 혹은 하나의 기업이 여러 개의 사업을 진행하듯이 말이다.

AI 시대의 사람은 현대인과는 정신적으로 많이 다를 것이다. 이것은 선사 시대에 살았을 수렵채집인과 현대의 문명인이 정신적으로 다른 것과 같다. 닭이나 지렁이나 짚신벌레는 몇 백만 년 전이건 지금이건 기본적으로 같은 세계를 산다. 그들이 사는 방식이 크게 달라지지 않은 걸 보면 그들이 인식하는 세계는 변하지 않았다. 하지만 인간은 언어, 문자, 과학 같은 것을 발명했고 그때마다 인식의 범위를 넓혀왔다. 이제 인간은 몇 십만 년 전에 살던 과거의 인간과는 보고 듣는 게 다르고 사는 방식이 전혀 다르다. 그래서 그들이 가지는 문제도 다르다. 하루살이는 계절의 변화를 모른다. 하지만 과거에 대한 정보를 가진 역사책이 있기 때문에 인간은 자신의 역사에 대해 더 자세히 기억하고 역사적 스케일의 시간 속에서 삶과 자기 자신의 의미를 찾는다. 인간은 과학 지식이 있기 때문에 세상에서 벌어지는 일에 대한 인과적 관계를 이해한다. 그걸 모르던 때와는 다른 방식으로 스스로와 세계를 본다. 지식 때문에 인간은 원초적 욕망만 가지지 않는다. 위험을 무릅쓰고, 새로운 가능성에 흥분한다.

AI 시대는 데이터의 시대다. 앞으로 더 많은 데이터가 생산되고 보존되고 AI의 형태로 만들어져 우리가 사용할 수 있게 될 것이다. 우리는 훨씬 더 많은 지식과 법칙들을 가지게 될 것이다. 선사 시대에 비해 문명 시대가 그렇듯, AI 시대는 이제까지의 시대에 비해 망각이 없는 시대다. AI 덕분에 모든 것을 기억하게 될 인간은 지금으로서는 상상이 안 될 정도의 방대한 정보를 가지고 세상과 자기 자신을 보게 될 것이다. AI 시대는 자기성찰의 시대다. 그것은 변화를 만든다. 예를 들어 우리는 개인적인 신화, 사회적인 신화에서 벗어나게 될 것이다. 스스로를 좋은 아들이고 좋은 친구라고 생각하는 사람은 과거에 대한 정확한 데이터를 통해서 자신이 정말 그렇게 행동했는지를 판단할 수 있게 될 것이다.

기본적으로 기자라는 인간과 언론사라는 시스템에 의존하는 언론은 AI 시대에 크게 바뀔 것이다. 더 많은 정보를 더 정확하게 전달하고 분석하는 AI 시대에 우리는 어떤 정치가와 지식인이 모순된 행동을 반복하고 있는지를 보다 확실하게 알게 될 것이다. AI도 물론 가짜 뉴스를 만들고 미래에도 어느 정도는 그럴 것이다. 미래라고 해서 의혹과 불합리가 없지는 않을 것이다. 하지만 기본적인 사실의 수집과 보도에 있어서 AI는 금세 인간을 추월할 것이다. 더 많은 정보가 존재하는 시대에 기자들이 만든 가짜 신화는 무너질 것이다.

　그리고 그렇게 더 커진 시각으로 우리는 자신이 누구인지를 다시 생각하게 될 것이다. 미래의 삶은 지금에 비하면 벌거벗은 삶과 같을 수 있다. 나와 다른 사람들이 저지른 잘못을 영원히 기억하게 되는 시대인 만큼 우리는 나와 다른 사람에 대해 더 관대해지는 법을 배워야 한다. 옷으로 몸을 한껏 가린 결혼식장에서의 예절과 벌거벗고 돌아다니는 대중목욕탕에서의 예절이 서로 다르듯이 우리는 그런 투명함에 걸맞는 새로운 예절을 세우게 될 것이다.

　AI는 인간보다 많은 것을 기억할 수 있고 많은 경우에서 인간보다 더 뛰어난 능력을 보일 수 있지만, 인간과는 다른 존재다. AI의 성장과 인간의 성장은 서로 다르다. 어떤 의미로 AI는 인간이 성장하는 만큼 성장할 수 있다. AI를 만들 문제를 제기하는 것이 인간이기 때문이다. 소원을 들어주는 마법의 램프가 있어도 그것을 어린아이가 가졌을 때와 어른이 가졌을 때 그 가능성은 다르다. 그래서 메타인지를 통해 스스로의 정신세계를 확장해가는 것이 중요하다.

AI가 진정으로 대안적인 사회를 가까운 시일 내에, 예를 들어 10년 안에 이 세상에 가져올까? 그럴 것 같다. 어쩌면 지금의 세계 질서가 자기 모순을 이기지 못하고 그 전에 스스로 무너질지도 모르겠다. 2008년의 경제위기나 2020년의 코로나19 보건 위기는 전에 보지 못한 위기였다. 하지만 늘어만 가는 여러 나라의 국가부채를 보고 있으면 다음번 위기는 더욱 크지 않을까 하는 생각이 든다. 그리고 그런 위기가 한두 차례 지나가고 나면 세상은 이전과는 전혀 달라질 것이다. 위기에 강한 공동체가 두각을 나타낼 것이다.

미래를 확신할 수는 없지만, 가까운 미래에는 AI 사회와 현대 사회가 공존할 가능성이 높다. 마치 역사적으로 문명사회와 수렵채집사회가 공존하던 시대가 있었던 것처럼. 그러나 그 공존은 그리 길지 않을 것이다. AI 사회의 능력이 워낙 뛰어날 것이기 때문이다.

하지만 미래는 예측하는 것이 아니라 우리가 만드는 것이다. 이런 미래를 만드는 사람, 이런 지능적인 망의 일부가 될 사람을 키우기 위해 우리는 새로운 교육이 필요하다. 우리의 선택과 행동에 따라 미래는 더 빨리 올 수도, 거부될 수도 있다.

5장

새로운 교육에 대하여

X 어떤 교육적 변화가 필요한가

교육은 그 시대를 살아가는 법을 가르치는 것이다. 그 영역은 매우 넓어서 교육 전반에 대한 이야기는 짧게 할 수도 없고 내가 다 말할 수도 없다. 나는 다만 AI라는 새로운 사회적 변화 요인에 관련해서 어떤 교육적 변화가 필요한가에 대해서만 말할 것이다. 다시 말하지만, 그 핵심은 소통과 협업 그리고 메타인지에 있다. 근대 교육은 보편적이고 객관적인 지식을 모든 학생들에게 똑같이 교육시키는 것을 그 기본으로 하기 때문에 AI 시대와 맞지 않는 면이 있다. 교육의 대중화가 세계적으로 진행된 지금 중국과 인도 같은 나라에서 대졸자들이 양산된다. 사회를 하나의 거대한 기계로 보고 그 기계의 부품이 될 표준화된 노동자를 키워내는 교육은 말하자면 부품을 과잉생산하고 있다. AI 교육의 입장은 이와 전혀 다르다. AI 교육에서 진정한 능력은 연결에서 나오며 따라서 우리는 협업할 다양한 사람이 필요하다는 점이 가장 강조되어야 할 것이다.

나는 6장에서 AI 학교가 어떤 모습이어야 하는지 구체적으로 이야기할 것이다. 하지만 사실 미래의, 그러니까 예를 들어 10년 후의 학교에 대한 구체적이고 분명한 계획에 너무 얽매이는 것은 AI 시대에 맞지 않다. 실제로는 확률적 사고의 정신이 말하듯 우리는 AI 학교를 만들어가면서 그때그때의 기술적 변화와 사회적 상황에 따라 학교를 발전시켜야 한다. 미래 학교의 구조는 유동적으로 계속 변할 것이다. 그러므로 AI 교육이 구체적으로 어떤 것이 되어야 할지를 생각해보는 것은, 구체적인 교육 현장에 대한 고민을 통해 우리의 출발점을 설정하고, 우리가 당장 할 수 있는 일이 무엇인지에 대한 이해를 깊게 하는 데 더 큰 의미가 있다.

그리고 그렇게 하기 위해서는 구체적 계획을 듣기 전에 그것이 어떤 문맥 속에서 의미를 가지는지를 어느 정도 이해할 필요가 있다. 그렇지 않으면 오해가 생길 것이다. 예를 들어 나는 지금의 근대교육이 AI 교육으로 완전히 대체될 거라는 생각은 어느 정도 오해라고 생각한다. 우리는 기계의 시대인 현대에도 체육관에 가서 육체를 단련한다. 우리는 여러 가지 교육이 모두 필요하다. 우리는 각각의 교육들이 공존할 수 있도록 각각의 가치를 소중히 여겨야 한다. 나는 이 장에서 교육에 대한 세 가지 관점들을 소개할 것이다. 내가 여기서 말하는 관점들은 완전히 새로운 것은 아니다. 하지만 많은 사람들이 이것들을 잊고 있는 것처럼 보이며, 이를 AI와 관련해서 생각해보는 것은 새로운 시각이다.

Ⅹ 사고방식에 대한 교육

　사고방식에 대한 교육이란, 학생들이 문제해결에 적용할 사고 방식을 배우는 것이 교육의 핵심이라는 관점이다. 즉 물고기를 주는 것이 아니라 낚시하는 법을 가르치는 것이 교육이라는 관점이다. 이런 관점은 이미 고대 그리스의 소크라테스의 문답법에 나타나 있다. 소크라테스는 답을 직접 알려주는 대신 학생 스스로가 진리를 발견할 수 있게 도와주는 방법을 택했다. 진리를 주는 대신 진리로 가는 길을 가르쳐주는 방식이다. 이렇게 하면 아마도 학생들은 스승에게 배우지 않은 진리도 스스로의 힘으로 발견할 수 있을 것이다.

　사고방식에 대한 교육이라는 관점에 따르면 근대교육의 핵심은 과학적 사고방식을 가르치는 데 있다. 물론 근대가 과학 이상의 것을 가지고 있기 때문에 근대교육은 과학적 사고방식 이상의 것을 가르쳐야 하고 단편적 지식들도 가르쳐야 할 테지만, 다른 모든 것을 가르치지 못한다고 해도 과학적 사고방식만은 꼭 가르쳐야 한다. 왜냐면 그 사고방식이 근대사회의 사회적 경제적 중심에서 작동하고 있기 때문이다. 따라서 근대사회의 시민으로 살자면 그리고 근대사회의 직장에서 직장인으로 살자면 사람들은 과학적 사고방식을 배워야 한다.

예를 들어 이것은 시간을 엄수하고, 정확한 숫자와 보편적 원칙에 따라서 논리적으로 사고하며, 초자연적 힘보다는 과학적 설명을 믿는 태도를 포함한다. 과학적이고 기계적인 사고는 근대학교의 체계에도 반영되어 있다. 초등학교에서 시작해서 중학교 고등학교로 세세히 학년을 나눠서 단계별로 지식을 쌓아간다든가, 여러 가지 과목을 각각의 전문 교사가 가르치는 것, 똑같은 교과서로 공부하고 똑같은 시험으로 평가받는 것 등이 그렇다. 이 모든 것들은 근대사회의 공장을 떠올리게 만든다.

이런 점을 볼 때 우리가 오늘날 AI에 대한 교육이라고 생각하는 것은 대부분 여전히 근대적 사고를 가르치고 있다는 결론에 이르게 된다. 사고방식에 대한 교육이란 관점에서 보면 이것은 새로운 교육이 아니다. 예를 들어 우리는 챗GPT 같은 AI들을 사용하는 법을 익히는 것이나 프로그래밍을 배우는 것을 AI 교육이라고 부른다. 또한 AI를 활용해서 수학과 과학을 배우는 것도 AI 교육이라고 부르곤 한다. 물론 이런 교육들은 좋은 것이다. 하지만 이런 교육들은 확률적 사고 같은 새로운 사고방식을 배우는 것이 아니다. 예를 들어 이런 공부는 확률적 사고의 첫 번째 특징인 '중요한 것은 이유가 아니라 답이다'와 같은 교훈을 전달하지 않는다. 태블릿 PC로 성경이나 불경을 읽는 것이 전자공학 교육이 아니라 여전히 종교 교육인 것처럼 AI 교사에게 수업을 듣거나 AI 교과서를 사용하는 것은 AI 교육이 아니다.

나는 과학적 사고가 나쁘다고 말하는 것이 절대 아니다. 그건 그 나름대로 가치가 있다. 하지만 우리는 어떤 AI 수업이나 AI를 가르치는 코스를 볼 때 이것이 변화하지 않는 환경에 대한 것인지 변화하는 환경에 대한 것인지를 생각할 필요가 있다.

구체적인 예를 들기 위해서 두 개의 AI 코스를 비교해보자. 하나는 MIT 미디어랩에서 개발한 '중학생을 위한 윤리교육과정(An Ethics of Artificial Intelligence Curriculum for Middle School Students)'으로, 한국에는 사례나 활동 등을 국내 상황에 맞게 재구성한 '모두를 위한 인공지능윤리'(한국교육학술정보원)라는 제목으로 번역되어 있다. 또 하나는 핀란드의 'AI의 원리들(Elements of AI)'이다.

MIT에서 개발한 교육 과정은 현명하게도 교육을 받는 사람이 중학생이라도 따라할 수 있도록 AI의 세부 과정을 말하지 않는다. 이해할 수 없는 건 그냥 블랙박스로 남겨두는 것이다. 그러면서도 구글의 티처블 머신(Teachable Machine) 서비스를 이용해서 스스로 데이터를 기반으로 AI를 만드는 체험을 해보도록 하고 있다. 예를 들어 개 사진과 고양이 사진 들을 데이터로 업로드하면 새로운 사진에 대해서 개나 고양이일 확률을 산출하는 AI를 바로 만들어주는 것이다. 이 서비스를 이용해보면 AI를 만드는

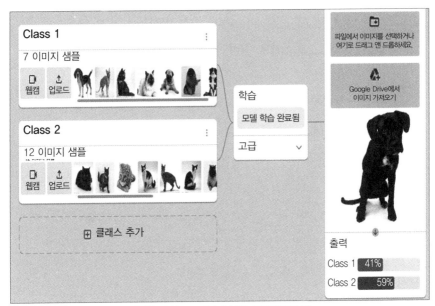

티처블 머신으로 이미지 분류 AI 만들기의 예

일이 너무나 쉽게 느껴진다. 금세 여러 가지 AI를 만들어볼 수 있겠다는 느낌을 받는다. 누구나에게 권장할 만한 것이고 무료이므로 인터넷에서 찾아서 해보기 바란다. AI 만들기를 위한 데이터도 사이트에서 무료로 구할 수 있다.

또 다른 AI 코스인 'AI의 원리들'은 핀란드 정부가 국민 모두를 위한 AI 교육으로 개발한 것이다. 이 코스는 기술적 세부사항을 다루지 않으면서 개념적 이해와 사회적 영향력에 초점을 맞췄다고 하지만, 상대적으로 여전히 분석적인 지식을 훨씬 더 많이 포함한다. 앞의 MIT 미디어랩 교육과 비교하면 블랙박스를 그냥 블랙박스로 남겨두지 않는다. 이것은 말하자면 미적분을

20분 만에 배우는 것과 비슷하다. 사실 미적분을 20분 만에 설명하는 것은 그리 어렵지 않다. 문제는 대부분의 사람은 그런 설명을 듣고 뭔가를 이해했다는 느낌을 받을 뿐 실제로 미적분을 할 수는 없다는 것이다. 형식적 시스템에 대한 예를 하나 들거나 중국어방에 대한 철학적 논의를 몇 줄 읽는다고 AI에 대한 기초가 다져질까? 모든 공부는 훈련을 필요로 한다. 20분 만에 미적분을 배우면 오래가지 않는다. 미적분을 배웠으니 이제 스스로 혼자 많이 연습하라는 말로는 미적분을 아는 사람을 많이 만들어낼 수 없다. 어떤 지식을 유용하게 쓸 정도로 습득하기 위해서는 대부분 제대로 된 긴 코스가 필요하다.

이 두 AI 코스의 차이는 하나는 중학생을 위한 것이고 하나는 보다 많은 내용을 다룬다는 차이만이 아니다. 하나는 AI 시대를 살아갈 보통 사람들을 위한 짧은 코스이지만 AI를 만들어보는 체험을 준다. 반면에 다른 하나는 요약되었을 뿐 사실상 AI 개발자 교육이다. 실제로 AI 개발자가 되고자 한다면 이보다는 훨씬 더 많이, 그리고 모든 걸 천천히 배워야 하지만 말이다. 파이썬 같은 언어 하나에 익숙해지는 것도 간단한 일은 아니다. 그래서 AI로 문제를 해결하는 체험 없이 이런 교육만 하는 것은 'AI로 문제를 해결하는 것은 굉장히 어렵구나'라는 인상만을 남기기 쉽다. 다시 말하지만 각각의 코스는 각자의 가치가 있다. 다만 나는 모두를 위한 AI 교육에 보다 걸맞은 것은, 다시 말해 확률적 사고를 가르치는 것은 MIT 교육 쪽이라고 생각한다.

많은 사람들은 AI 학습이라고 하면 여전히 대기업이 만든 AI를 사용하는 쪽에 집중한다. 그러나 AI를 만드는 일은 빠르게 자동화되고 있다. 위에서 소개한 구글 티처블 머신은 코딩 없이 AI를 만드는 AutoML 서비스 중에서 가장 간단하고 무료인 예이다. 구글 클라우드 AutoML이나 마이크로소프트 애저 Automated ML 등 더 강력한 서비스도 있으며, 실제로 기업들은 이미 이런 서비스를 자동화를 위해 이용하고 있다. 예를 들어 이런 서비스를 이용해서, 제품 사진으로 결함의 정도를 판별하는 AI를 만들 수 있다. 앞으로는 더 많은 자동화가 가능해져 AI를 만들기 위한 최적의 신경망 구조를 AI가 결정하게 될 것이며, 가까운 미래에는 인간이 문제를 제공하는 것만으로도 그것을 해결하는 경쟁력 있는 AI가 만들어질 것이다. 즉 딥러닝이나 강화학습이 무슨 말인지 모르면서도 AI를 실제 문제를 푸는 데 사용하는 일은 곧 흔한 일이 될 것이다. 이는 많은 경우에서 AI 기술의 세부사항보다 사고방식의 학습이 중요하다는 것을 의미한다.

우리가 무얼 AI 교육이라고 부르는가는 그저 이름을 정의하는 문제다. 더 중요한 것은 우리가 오늘날과 같은 과도기에 무엇을 배워야 하는가이다. 다른 무엇보다 우리가 먼저 배워야 하는 것은 사고방식이고 미래 비전이다. 예를 들어 근대화 초기에 어떤 교육이 필요했겠는가를 생각해보자. 전근대적으로 살던 나라에 농사짓는 기계가 들어왔다. 그때 사람들이 중점적으로 익혀야 하는 것은 기계 매뉴얼을 읽고 기계를 조작하는 방법이 아니다.

사람들은 그 무엇보다 근대적 미래 비전에 대해 계몽되어야 한다. 그게 세상을 어떻게 더 좋게 만들 수 있다고 주장하는지를, 근대화가 어떤 새로운 기회를 가져올 수 있는지를 배워야 한다. 사람들은 근대화 시스템을 이해하고 계약이라는 게 뭔지, 근대에 강화된 소유권이라는 게 뭔지를 이해해야 한다. 공장이나 회사가 뭔지, 근대학교에 가서 공부를 하는 게 왜 꼭 필요한지를 이해해야 한다. 그렇지 않고 그저 기계를 조작하거나 수리하는 법만 어설프게 배운다면 전근대 국가의 시민들은 공장에서 기계처럼 일하는 일꾼이 될 뿐이며, 열악한 노동환경에서 일하다가 머지않아 더 좋은 기계에 의해 대체될 뿐이다.

그러므로 우리가 지금 배워야 하는 것은 AI 시대를 위한 미래 비전이고 AI 시대를 살아갈 정신이다. 무엇이 AI 시대에 가치 있는지를 배워야 한다. 강조했듯이 그것은 바로 소통과 협업 그리고 메타인지 능력이다. 우리는 자신을 잊어서는 안 되지만 자기 혼자만으로 뭔가 대단한 일을 해낼 수 있다고 생각해서도 안 된다. 이런 사고방식의 차이가 바로 직장인과 경영자의 사고방식의 차이이기도 하다.

우리는 오늘날 분석적 사고에 중독되어 있으며 교육이란 원래 근대식 교육이라는 생각이 강하다. 그래서 누군가가 AI 학교란 어떤 곳인가라는 질문을 던질 때 우리는 학교를 하나의 기계처럼 생각하는 설명을 기대한다. 기계에는 내부 구조와 기능이 있다. 그래서 우리는 그 학교가 어떤 시설을 요구하고, 교육은 어떤 순서로 이뤄지며, 어떤 교육 도구를 사용하는지가 그 학교를 설명하는 데 있어서 핵심적이라고 믿기 쉽다. 예를 들어 컴퓨터 코딩 교육을 강조한다든가 컴퓨터 시설이 얼마나 있다든가 수업은 어떤 교실에서 진행되는가 같은 외적인 면에 좀 더 관심이 가기 쉽다.

하지만 그것은 2차적인 문제다. 중요한 것은 정신이고 사고방식이다. 예를 들어 종교를 가르치는 데 가장 중요한 것이 뭘까? 신앙심이다. 신앙심을 빼놓고 교실이 어떻게 생겼고 교과서는 뭘 쓰며 하루에 수업을 몇 시간 하는가 같은 것에 치중하는 것은 종교 교육의 핵심을 놓치는 것이다. 분석적인 눈으로 종교를 가르치면 진짜 종교 교육이 아니라 종교에 대한 지식 교육이 되고 만다. 학생들이 성경이나 불경을 줄줄 외운다고 하더라도 신앙심이 없다면 그 종교 교육은 교육의 목적을 전혀 달성하지 못한 것이다. 마찬가지로 교육의 형식을 따지기 전에 우리는 먼저 그 교육이 바탕이 되는 사고방식을 기억해야 한다. 그리고 여러 가지 교육들은 그 사고방식을 염두에 두고 시행되어야 한다. 형식이 어떠하든 AI 교육은 확률적 사고를 가르치고 배우는 것이다. 컴퓨터는 전혀 쓰지 않고 종이책만 읽는다 하더라도 확률적 사고를 배우고 있다면 그것이 진짜 AI 교육에 가깝다.

X 지식의 형태에 따른 교육

교육에 대한 두 번째 관점은 지식의 형태에 따른 교육이다. 일찍이 《미디어의 이해》를 쓴 마셜 매클루언은 도구를 인간의 확장으로 말한 바 있다. 우리는 통상 지능을 도구와 별개로 인간이 소유하는 것으로 생각한다. 하지만 도구를 무시하고 인간의 지능을 생각할 수 없다는 사실은 분명하다. 인간의 지능은 타고나는 것도 물론 있지만 상당 부분 도구의 사용에 따라 확장된 것이며, 서로 다른 도구는 서로 다른 형태의 지식을 만들어내 문제를 해결한다.

지식의 형태 측면에서 특히 중요한 도구는 인간의 목소리, 문자, 과학 그리고 AI다. 구술문화 속의 인간은 목소리를 내서 소통을 하고 이런 음성신호들이 정보의 소통과 기억을, 나아가 지능을 만든다. 미디어의 특성이 지식의 형태를 결정하고 나아가 그 지식의 가능성과 한계를 결정한다. 이 점은 소리가 들리지 않고 말을 할 수 없는 사람이 시각적 정보를 통해서 교육받는 것이 가능하다고 하더라도 교육에 있어서 심각한 지장이 있다는 사실을 통해 알 수 있다. 우리는 정성적으로 비슷한 것을 문자나 과학이나 AI에서도 본다. 그것들은 새로운 형태의 지식을 만들어서 문제를 해결하는 도구들이며 그것들을 쓰게 됨에 따라 인간의 지식 축적은 달라졌다. 우리는 이런 각각의 지능을 구술지능, 문자지능, 과학지능, AI지능이라고 부를 수 있을 것이다(이에 대한 보다 긴 논의는 부록 1이나 나의 책《인공지능이 할 수 있는 것, 할 수 없는 것》을 참고하라). 서로 다른 지능은 서로 다른 방식으로 문제를 해결한다.

이렇게 지능을 단일한 능력이 아니라 여러 가지 도구들을 통해서 발전하고 확장되어온 것으로 볼 때 우리는 교육을 그 도구에 따라 혹은 그 지식의 형태에 따라 서로 분리해서 행해야 한다는 결론에 이른다. 각각의 지능은 서로 다른 환경 속에서 각각의 강점을 지니고 인간의 다른 감각처럼 서로 보완하는 성격을 가진다. 예를 들어 말하기를 배우지 않고서도 문자나 AI를 통해 소통하는 법을 배울 수는 있지만, 그것이 인간 공동체 안에서 말을 통해 소통하는 체험이 소중하지 않다는 뜻은 아니다. 점자를 읽을 수 있다고 해서 눈이 필요 없는 것은 아니다.

어린아이를 효율적으로 교육하기 위해서는 이 각각의 도구들을 집중적으로 사용하는 시기를 가져야 한다. 말하기건 글쓰기건 과학적 추론이건 AI 활용이건 하나의 도구가 충분히 자리잡지 않았는데 새로운 도구가 기존 도구를 대체한다면 잊힌 도구와 관련된 지능이 약화될 것이기 때문이다. 이는 마치 자동차가 있다고 걷지 않으면 다리가 퇴화하는 것과 같다. 기계 문명이 발달한 현대에도 사람들은 두 발로 달리고 체육관에서 무거운 웨이트 트레이닝 도구를 들어 올린다. 기계가 있어도 체력이 중요하기 때문이다.

따라서 구술지능을 늘리고자 한다면 독서와 글쓰기를 너무 빨리 시작시키지 말아야 할 것이다. 아동발달학과 교수인 데이비드 엘킨드는 그의 책《기다리는 부모가 큰 아이를 만든다》에서 발달 단계에 맞지 않는 과도한 조기교육이 아이들에게 스트레스를 주고 있다고 경고하면서, 늦게 독서를 시작한 아이들이 오히려 일찍 독서를 시작한 아이들보다 나중에는 더 열성적이고 자발적으로 독서를 하는 경향이 있다고 말한다. 마찬가지로 AI가 글도 쓰고 요약도 한다고 해서 책읽기와 글쓰기를 너무 일찍 AI로 해결하기 시작한다면 문자지능이 퇴화할 것이다. 과학적 사고도 그렇다. AI가 문제를 해결해준다고 해서 과학적 논리적으로 이해하려는 노력을 너무 빨리 포기해버린다면 과학지능도 퇴화할 것이다. 그래서 교육은 단계적으로 행해져야 할 필요가 있고, 성인이 되어 교육 과정이 끝난 이후에서도 사람들은 각각의 지능을 점검할 필요가 있다.

AI가 발달함에 따라 이제까지의 교육이 다 필요 없어질 거라는 이야기가 있다. 그런 말은 옳지 않다. 현대사회가 AI를 사용할 수밖에 없을 정도로 복잡해질 거라는 사실은 전체적으로는 옳지만 그게 특정한 개인의 모든 일상에서 그렇다는 뜻은 아니다. 마치 산에는 절벽도 있고 평평한 곳도 있고 계곡도 있듯이 현대사회에서 인간의 환경은 지역적으로 다양하다.

서로 다른 감각처럼 서로 다른 형태의 지식은 다른 체험을 준다. 그러므로 인간은 모든 종류의 지능들을 골고루 발달시켜야 한다. 안방에서 거실로 갈 때는 차를 타는 것보다 걸어가는 게 좋은 것처럼, 각각의 상황에서 가장 합리적인 도구를 사용해서 일을 처리하는 것이 가장 효율적이다. 사랑을 문자로만 할 수는 없고 화상 통신이 흔하다고 대면 접촉이 무의미한 것은 아니다. AI가 편하다고 해서 글쓰기와 책읽기가 무의미한 것은 아니다. 오히려 미래의 사람들은 더더욱 열심히 쓰고 읽어야 한다. AI에게 일을 시키고자 한다면 인간이 성장하지 않으면 안 되기 때문이다.

미국의 심리학자 에이브러햄 매슬로는 "당신이 가진 유일한 도구가 망치라면 모든 문제는 못처럼 보인다"라는 말을 했다. 지능에 대해서도 같은 말을 할 수 있을 것이다. 한 가지 지능만 가진 사람에게는 세상의 모든 문제들이 그 지능을 사용해서 풀 문제로 보일 것이다. 예를 들어 근대화 과정에서 만들어진 지금의 학교는 본래 과학적 사고와 인문학 교육을 목적으로 하는 곳이었다. 그래서 근대교육을 받은 사람들은 보편적이고 객관적이며 시간에 따라 변하지 않는 지식들이 모든 문제를 풀 수 있을 거라고 착각하는 경향이 있다. 그러나 시대적 환경은 달라졌다. 그래서 새로운 형태의 지식, 즉 AI가 더욱 유용해진 것이다. 하지만 그 반대도 사실이다. AI에 너무 중독되면 우리는 이해 가능하고 시간에 따라 쉽게 변하지 않는 지식의 가치를 너무 쉽게 잊을 수 있다. 그것도 바람직하지 않기는 마찬가지다. 여행의 목적에 따라 과학적 태도가 옳기도 하고 확률적 태도가 옳기도 하듯이, 문제와 목적에 따라 다양한 지능을 활용할 수 있어야 한다.

ⅹ 환경에 의한 교육

마지막으로는 환경에 의한 교육이라는 관점이다. 교육에 있어서 환경이 중요하다는 것을 모르는 사람은 없다. 그래서 부모들은 자식을 더 좋은 학교에 보내려고 한다. 하지만 좋은 학교가 뭘까? 여전히 많은 사람들은 하나의 학교라는 장소가 이 세상에 대한 모든 것을 다 가르칠 수 있다고 생각하는 것 같다. 그래서 사회적으로 어떤 새로운 것이 화제가 되면 기존의 공교육에 포함시키면 된다고 생각한다. 예를 들어 AI가 필요하다면 AI 내용을 기존의 교육 과정에 끼워 넣으면 된다는 식이다. 그러나 이것은 마치 물이 채워진 수영장도 없이 책으로 수영하는 법을 가르칠 수 있다고 착각하는 것과 마찬가지다.

과학적 사고를 가르치도록 구조적으로 만들어진 곳에서 확률적 사고를 배우기는 어렵다. 즉 객관적 방식에 따라 계획된 길고 복잡한 교육 과정 속에서, 그리고 모든 학생이 똑같이 교육되는 현장에서는 확률적 사고를 느낄 수 없다. 우리는 교육 과정에 대해서도 메타인지를 발휘해야 한다. 어떤 환경에서 무엇을 배우고 가르칠 수 있는지를 생각해야 하고, 각각의 교육을 하기 전에 이것이 무엇에 대한 교육인지를 분명히 해야 한다. 그러지 않을 때 절이나 교회에 가서 물리학을 배우거나 채식주의자에게 스테이크 굽기를 배우는 것과 같은 문제가 발생할 수 있다. AI 수업과 물리학 수업을 똑같은 마음 자세로 들어서는 미래의 스티브 잡스나 일론 머스크는 나오지 않는다.

지금은 학교가 특별한 환경이며 그 특별한 환경 속에서 학생들은 특별한 것을 배운다는 생각이 약하다. 하지만 예를 들어 조선 말기처럼 전근대적인 사회가 근대화되는 시대의 초기에는 근대학교의 교사나 교수가 다른 무엇보다 근대철학과 문화를 가르치는 사람이라는 것이 자명했다. 즉 근대학교 안의 문화가 학교 바깥과는 다르다는 것이 분명했다. 1886년 조선 최초의 근대학교인 육영공원이 세워졌을 때 그 학교가 가르치는 것이 새로운 삶의 방식이라는 사실은 조선 사람 누구에게나 분명하게 느껴졌을 것이다.

하지만 학교교육이 보편화되고 오랫동안 지속되어온 현재, 초중고는 물론 대학교조차도 더 이상 딱히 새로운 철학과 문화를 가르친다는 인상을 주지 못한다. 따라서 교사는 물론 대학교수조차도 특별한 철학과 문화를 계승하고 전파하는 사람이라기보다는 보편적이고 객관적인 지식을 가르치는 것이 직업인 노동자 이미지가 강하다. 그리고 학교가 어떤 철학과 문화를 가져야 하는가에 대해서 고민하는 일은 대학입시 경쟁이 보편화되고 과열되는 가운데 사치스러운 고민, 현실적인 의미가 없는 탁상공론처럼 느껴진다. 오늘날 교사는 서로 다른 직종의 사람들이 가지는 문화적 차이 이상의 특별한 문화적 차이를 보이지 않으며 그래야 한다는 자각도 없어 보인다.

이 같은 문화적 철학적 정체성의 약화는 현대의 교육이 가지는 큰 문제다. 하나의 학교는 학교 바깥의 세상을 전부 반영할 수 없다. 세상은 너무 복잡하고 계속 변화한다. 근대철학이 보편화되었다고 하지만 세상은 근대적 사고로 감당할 수 있는 수준을 넘어 더욱더 복잡해지고 있다.

이런 상황에서 학교와 학교 바깥의 경계가 무너질 때 학생들은 학교에서 배우는 지식을 해석할 문맥과 프레임을 알 수 없게 된다. 종교적 지식은 종교적 비전 안에서 그 의미가 분명해지고 근대적 지식은 근대적 비전 안에서만 그 의미가 분명해지기 때문이다. 근대를 넘어 복잡해지고 있는 사회 현실과 학교가 뒤섞이면 학생들은 자신이 배우는 지식의 의미를 알 수 없게 된다. 그게 언제 중요하고 왜 중요한지를 알 수 없게 된다. 따라서 그 지식들을 시험보는 데나 필요할 뿐 실제로 현실에서 만나는 문제는 해결할 수 없는 죽은 지식으로 여기게 된다. 학생들의 학습의욕은 떨어질 수밖에 없다.

어른들은 의식적으로 무의식적으로 이를 알기 때문에 어린이의 주변에는 일종의 가상공간을 만들려고 노력한다. 그 공간은 결코 세상 그 자체는 아니다. 아직 아무것도 모르는 아이들에게 이 세상을 그대로 보여줄 때 아이들은 물론 사회 또한 위험에 처한다는 사실이 명백하기 때문이다. 그래서 어린이가 결혼을 한다든가, 자동차를 운전한다든가, 총기를 가진다든가, 재산권이나 선거권을 행사하는 일은 있지 않고 있어서도 안 된다. 아직 성인으로서 모든 권리를 주장할 수 없는 청소년 역시 정도의 차이가 있을 뿐이다. 어른들은 성장하는 어린이들의 주변에 바깥과는 다른 규칙이 존재하는 가상의 공간을 만들어서 아이들을 보호하면서, 아이들이 나중에 세상에 적응할 수 있도록 세상의 일부분을 가르친다. 공교육 학교도 본래는 이런 성격을 가지는 공간이었다.

정치철학자 한나 아렌트는 에세이 〈교육의 위기〉에서 교육의 장소성을 강조하면서 미국의 교육을 비판했다. 아렌트에 따르면 미국인들은 이미 반세기 이전부터 이런 분리된 공간을 만드는 데 실패했다. 이 공간은 교육자가 만드는 공간이다. 따라서 이 공간 안에서 권위를 가져야 하는 것은 교사다. 그런데 평등을 강조하는 미국의 정치적 기질과 합쳐진 진보적 교육은 학교를 학생들의 자율적인 공간으로 만들었다는 것이다. 성인의 권위로부터 해방된 이 공간은 나이 든 아이를 유아기 수준에 머물게 하는 공간이 되어버렸다.

학교는 학생들이 스스로 문화를 만들어 그 권위를 주장해야 하는 곳이 아니다. 교육의 공간은 학생들이 새로운 문화에 노출되어야 하는 곳이다. 교육자의 철학적 문화적 권위가 없는 공간에서는 제대로 된 교육이 이루어질 수 없다. 우리는 이를 한때는 교육기관의 역할도 담당했던 과거의 종교시설과 함께 생각해볼 필요가 있다. 종교시설 내부의 문화는 당연히 종교문화다. 그 안에 있는 사람들이 스스로 투표하여 새로운 종교를 만들어가는 게 아니다. 신부나 승려는 바깥에서 온 사람들과 다름없이 신자 중의 한 명으로 성당과 절에 존재하는 것이 아니다. 종교적 정체성의 수호자로서 그곳에 존재한다. 종교가 자신이 모든 교육을 담당할 수 있다고 주장하면서 교육을 독점하면 학교라고 부르든, 종교기관이라고 부르든 그것은 시대에 뒤처질 것이다. 반대로 근대화 이후에 세상의 문화가 바뀌었다고 해서, 그러한 문화가 종교적 전통이나 실천을 변화시키는 것을 한계를 넘어 허용한다면 종교시설은 그 정체성을 잃고 얼마 지나지 않아 의미 없는 공간이 될 것이다.

마찬가지 이유로, 학교와 학교 바깥 세상의 철학적 문화적 경계가 사라진 것은 학교 안의 세계를 처참한 곳으로 만들기 쉽다. 우리는 오늘날 학폭이나 교사에 대한 도전 같은 행위가 학교 안에서 일어난다는 사실을 안다. 같은 일이 바깥세상에서 어른들이 다니는 학원에서 일어난다면 당연히 그 성인 수강생은 사법 처리를 받거나 학원에서 쫓겨날 것이다. 하지만 어린 학생들을 위한 학교에서는 그런 일이 잘 벌어지지 않는다. 촉법소년들이 돌아다니며 어린이들의 자치구가 된 그곳은 세상에는 존재하는 사법적 보호가 존재하지 않는 무법천지다.

TV나 라디오 같은 전자 매체는 학교와 학교 바깥의 경계, 어린이와 어른 사이의 경계를 무너뜨려서 어린이들이 어른들의 세상에 대해서 모르는 것이 없도록 만들었다. 즉 읽고 쓰지 못하는 어린이들도 세상의 문화에 노출되게 만든 것이다. 그러면 그럴수록 학교는 그 문화적 정체성을 분명히 해야 했다. 즉 해수욕장이나 절에 갈 때처럼 혹은 콘서트장에 가거나 온라인 게임을 할 때나 군에 입대했을 때처럼, 학교라는 공간 안에서는 그 바깥과는 다른 규칙이 적용된다는 것을 분명히 해야 했다. 하지만 어린이들도 스마트폰을 쓰고 세상에 대해서 모르는 것이 없는 오늘날에도 학교는 이 일을 하지 못하고 있으며, 그러기는커녕 학교가 특수한 철학과 문화를 가르치는 분리된 공간이라는 자각 자체가 희미하다.

학교가 철학이나 문화가 아니라 조각난 지식을 가르친다는 생각은 교사와 학생의 만남을 학교 교육에서 중요하지 않은 요소로 여겨지게 만든다. 가치관, 철학, 문화, 취향, 열정은 사람과 사람의 만남 속에서 전염되고 퍼져 나가며, 그것은 기본적으로 내가 누구인지를 드러냄으로써 가능한 일이다. 내가 누구인지를 전혀 드러내지 않을 때 그것은 사람과 사람의 만남이 아니다. 그런데 문맥으로부터 고립되고 객관적이기만 한 지식의 전달에는 드러냄이 필요 없다. 예를 들어 승려는 스스로 불교를 믿는 사람이라는 정체성을 드러내고 있다. 승려는 자신의 종교가 자신에게 중요한 것이며 하나의 가치 있는 삶의 방식이라고 증언하고 있다. 그래서 사람들은 설사 신자가 아니라도 절에 가면 다르게 행동한다. 그것은 승려가 소중히 여기는 삶의 방식을 존중하기 때문이다.

하지만 문화적 정체성을 상실한 학교의 강단에 서 있는 교사는 자신의 개인적 믿음과 취향에 대해서 아무것도 말하지 않는다. 교사들만 입는 유니폼 같은 것이 있어서 그걸 입는다고 해도 그 옷은 승려가 입는 가사와는 달리 그 교사에 대해 아무것도 말해주지 않는다. 국어교사가 정말 국어를 사랑하고 아끼는지가 불분명하다면 학생들은 국어교사에게 무엇을 배워야 할까? 국어교사는 정말 국어가 시험 성적만을 위해서가 아니라 삶에서 그 자체로 소중하다고 생각하는가? 교사가 어떤 특별한 철학과 문화에 권위가 있는 사람이 아니고, 학생이나 학부형처럼 학교 바깥에 있는 일반인과 다를 바가 없으며 단순히 객관적이고 조각난 지식을 가르치는 사람일 때, 인간교사를 능가하는 AI교사의 등장과 교권 침해는 필연적이다. 그렇게 되면 교사의 권위는 더더욱 떨어질 것이며 학교는 아무 의미 없이 학생들을 수용하는 시간 낭비의 장소로밖에는 여겨지지 않을 것이다. 그건 신앙심이 없는 종교지도자가 운영하는 종교시설 같은 것이기 때문이다. 학생들은 수업시간에 수업을 듣기보다는 학원에 가거나 AI가 하는 강의를 듣고 싶어 할 것이며, 더더욱 무질서해진 학교는 학생들을 보호해주지도 학생들에게 뭔가를 가르치지도 못하는 우범지대 비슷한 곳이 될 것이다. 이 같은 현실은 이미 매우 심각하지만 AI의 시대가 오면 도저히 감당할 수 없는 교육 문제를 만들 것이다.

나는 진지하게 학교가 종교시설이나 군대 같은 곳으로부터 배울 것이 있다고 믿는다. 너무 형식에 얽매일 필요는 없지만, 예절이나 복장 같은 형식은 의미가 있다. 분명한 문화적 정체성이 뒷받침될 때 그렇다. 채식주의자들이 모두 녹색 모자를 쓴다면 사람들은 녹색 모자를 쓴 사람들 사이에 앉아 있는 것만으로도 문화적 영향을 받을 것이다. 문화적 정체성이 분명할 때 학교는 자신의 존재 의미를 분명히 할 수 있을 것이고 교사들은 다시 권위를 찾을 것이다. 그들은 스스로가 신부나 승려 같은 존재라는 것을 자각하게 될 것이다. 그리고 교사들이 가르치는 지식들도 다시 분명한 의미를 찾을 수 있게 될 것이다. 그 지식들이 만들어진 본래의 문화 속에서 교육되기 때문이다. 이는 과학적 사고를 가르치는 일에서도 확률적 사고를 가르치는 일에서도 마찬가지다. 어떤 사고방식이 효과적인가는 환경에 달려 있다. 환경을 잊어버리면 사막에서 수영하는 꼴이 된다. 이런 사실을 효과적으로 기억하게 만드는 한 가지 방법은 종교시설과 공립학교가 따로 떨어진 각각의 시설이듯이, 근대 교육을 하는 시설과 AI 교육을 하는 시설을 분리하는 방법일 것이다.

6장

AI 학교

X AI 학교가 있다면

우리는 이제 AI 학교라는 곳이 있다면 그곳에서는 무엇을 해야 할 것인가를 좀 더 구체적으로 논의할 단계가 되었다. AI 학교는 기본적으로 기성세대가 어린 학생들과 함께 새로운 문제를 발굴하고, 이를 AI를 활용해 해결하는 경험을 제공하는 장소이자 확률적 사고를 가르치는 장소이다.

물론 실제로 AI 학교를 만든다면 많은 준비가 필요할 것이며 그 학교의 정신적 핵심이라고 할 수 있는 확률적 사고는 변화하지 않겠지만, AI 학교의 구체적 수업 형식은 차차 변화해야 할 것이다. 특히 빠르게 변화하고 있는 기술환경이 이 AI 학교의 형식을 그만큼 크게 바꿀 것이다. 예를 들어 메타버스 기술의 발전은 AI 학교의 교육 방식을 크게 바꿀 가능성이 있다. 지금도 AI의 발전은 빠르지만 아직 AI 에이전트도 제대로 발달하지 않았다. 수년의 시간은 더 기다려야 할 것이다. 그러므로 이 구체적 묘사라는 것은 하나의 시작점, 즉 여기에서부터 시도하고 고쳐가야 한다는 제안에 지나지 않는다. 하지만 교육 시스템의 변화는 워낙 오래 걸리는 일이라 지금부터 시작한다고 해도 빠르다고는 할 수 없다.

　AI 학교를 위해서는 사회적 인프라 개선도 필요하다. 이는 AI 학교가 아니더라도 AI 대중화를 위해 국가 공동체에서 해야 할 일이다. 일반적으로 AI를 만드는 데 있어서는 문제를 정의하는 것은 물론 데이터를 구하는 것, 학습 모델을 선정하고 그걸 학습시킬 컴퓨팅 파워를 가지는 것이 모두 필요하다. 우리는 이러한 일을 보다 쉽게 할 수 있는 사회적 환경을 만들어가야 한다. 앞에서 언급한 AutoML 같은 서비스나 데이터를 수집하고 모두에게 제공하는 데이터 서비스, 그리고 컴퓨팅 파워를 제공하는 클라우드 컴퓨팅 같은 서비스를 발전시켜 나가야 한다. 그러고 나면 더 많은 사람들이 기술적 세부사항에 얽매이지 않고 AI를 사용해서 문제를 해결할 수 있게 될 것이다. 이런 것들은 앞으로 도로나 인터넷, 전기와 같은 사회의 기본적 인프라로 여겨져야 한다.

╳ AI 학교의 교육 목표들

AI 학교의 교육 목표는 기본적으로 AI 시대에 적합한 인간을 길러내는 것에 있다. 그 핵심에는 확률적 사고를 가르치는 것이 있으며 소통과 협업의 능력은 그 안에서 자연스럽게 길러질 것이다. 아래에 나열할 세부 목표들은 이를 다시 확인하고 요약하기 위한 것이다.

AI 학교의 첫 번째 교육 목표는 빠르게 변화하는 환경에서 살아가는 방법을 배우는 것이다. 학생들은 불확실성을 두려워하지 않고 받아들이며, 완벽한 답을 찾기보다는 최선의 답을 빠르게 찾아내고 실험하는 태도를 키워야 한다. 학생들은 과학적 사고와의 비교를 통해 언제 어떤 사고방식이 더 적절한지, 왜 서로 다른 사고방식들이 존재하는지를 이해할 필요가 있다.

두 번째 목표는 메타인지 능력을 기르는 것이다. AI 시대에는 주어진 상황이나 문제를 여러 관점에서 바라보고, 그것의 경계와 한계를 인식할 수 있어야 한다. 예를 들어 AI가 제시하는 해결책을 맹목적으로 따르는 것이 아니라, 그 해결책이 어떤 맥락과 제약 조건에서 도출되었는지를 이해하고, 때로는 AI의 제안을 거부할 줄도 알아야 한다. 비록 능력의 한계로 처음에는 단순한 역할을 맡는다고 하더라도 사람들은 자신의 업무를 넘어서는 단계로 이행할 수 있도록 식견을 배워야 한다.

세 번째 목표는 창조적 문제해결 능력을 기르는 것이다. AI 시대에 새로운 문제를 발견하고 정의하는 능력은 아주 소중하다(문제의 구성에 대한 더 자세한 논의는 부록 2를 참조하라). 학생들은 단순히 기존의 AI를 사용하는 법을 배우는 것이 아니라, 스스로가 정의한 문제 속에서 어떤 AI가 만들어져야 하는지 혹은 기성의 AI가 새로운 문제 속에서 어떤 가치를 만들어낼 수 있는지를 고민하고 실험하는 법을 배워야 한다.

네 번째 목표는 협력과 소통 능력을 기르는 것이다. AI 시대의 지능은 연결을 통해 확장되므로, 다른 사람들과 협력하고 소통하는 능력이 매우 중요하다. 학생들은 다양한 배경을 가진 사람들과 함께 일하는 법을 배워야 한다. 집단적 지능을 향상시켜서, 문제를 해결하기 위해 필요한 것이 무엇인지를 고민해야 한다. 다수의 사람들이 협업하는 것은 장점도 있지만 큰 단점도 있다. 그런 단점이 AI의 도움으로 어떻게 극복될 수 있는지 연구하고 배우는 것이 AI 시대에는 꼭 필요하다. 이를 위해서는 필요한 사람들과 서비스를 연결해주는 매칭 기술의 발달이 꼭 필요하다. 이것은 모두가 똑같은 교과서를 배우고 서로 경쟁하는 근대학교에서는 거의 강조되지 않는 것이다.

다섯 번째 목표는 윤리적 판단 능력을 기르는 것이다. AI 기술이 가진 힘이 커질수록 그것을 쓰는 사람의 윤리적 판단은 더욱 중요해진다. 학생들은 AI가 사회에 미치는 영향을 이해하고 책임 있는 결정을 내릴 수 있어야 한다. 특히 AI가 제시하는 해결책이 윤리적으로 문제가 없는지, 사회적으로 어떤 영향을 미칠지를 판단할 수 있어야 한다. 앞에서 말한 메타인지 능력은 AI에 대한 윤리적 판단 능력과도 깊은 관계가 있다. 옳고 그름을 따질 문맥을 기억하고 적용하는 것이 바로 메타인지 능력이고 사고의 프레임이기 때문이다. AI 시대가 아니라도 윤리나 가치판단의 문제에 있어서는 언제나 메타인지가 중요한 역할을 한다. 가족의 일원으로서의 가치와 국가 공동체의 일원으로서의 가치가 충돌하는 상황은 오늘날에도 흔하다. AI는 인간이 혼자서 할 수 있는 일들을 크게 늘리고, 지금으로서는 매력적이지 않은 시스템도 유지 가능하고 흥미로운 시스템으로 개선할 수 있는 힘이 있다. 따라서 기업화된 인간들은 앞으로 더욱더 다양한 시스템들에 참여하고 그만큼 다양한 정체성들을 가지게 될 텐데 이런 시대에는 여러 가지 가치가 충돌하는 일이 훨씬 더 일상적일 것이다. 이미 공과 사를 구분해야 하는 기업가나 정부 관료가 이런 문제들이 어떤 것인가를 보여주고 있다.

여섯 번째 목표는 AI 사회를 살아갈 신세대와 구세대를 이어주는 것이다. AI 학교는 학생들에게 미래 사회에서 필요한 경력과 인맥을 쌓을 기회를 제공해야 한다. AI 학교는 학생들이 기성 사회와 이어질 접점을 마련해줘야 한다. AI 학교는 새로운 뇌세포를 키워서 기존의 뇌에 연결하는 것과 같은 일을 하는 곳이라고 할 수 있다. AI 시대는 사람과 사람이 AI를 통해 연결되는 가운데 새로운 활동과 지식이 창발적으로 출현하는 시대이다. AI 학교는 이런 세상을 살아갈 사람들을 준비시키기 위해서 안전망과 사회적 지원을 제공하는 창업 인큐베이터 같은 곳이다.

경력과 인맥은 AI 학교에서의 평가 부분과 관련해서 특히 중요한 의미가 있다. AI 학교도 결과나 과정에 대해 평가하고 졸업장이나 성적표를 주는 게 필요한 부분이 있겠지만, AI 교육이 학생의 노력에 대해서 제공하는 핵심적 대가는 성적이 아니라 경력과 인맥일 것이다. 학생마다 다른 공부를 하는 AI 학교에서 표준적인 성적은 산출하기 어렵다. 다만 학생들은 학교 바깥에서 자신의 미래를 키워 나가는 데 필요한 경력과 인맥을 AI 학교에서 키울 수 있을 것이다. 그것이 AI 교육의 진정한 보상이고 평가다.

마지막으로, AI 학교의 교육 목표라고 할 수는 없지만 AI 학교가 해야 할 한 가지 중요한 역할이 있다. 그것은 AI를 사용해서 문제를 해결하는 경우들에 대한 자료를 모으고 정리하는 일이다. AI 학교는 그 자체가 새로운 AI 해결법을 개발하는 곳이기도 하지만, 어디에서 누가 만든 AI든 그것이 어떤 문제를 어떤 데이터를 사용해서 어떤 학습 모델로 어느 정도의 계산량을 써서 AI

로 해결했는지 자료를 모으고 정리해서 더 많은 사람들이 참고할 수 있도록 하는 곳이 되어야 한다. AI를 써서 자신의 문제를 해결하고자 하는 사람들이 참고할 수 있도록 말이다. 그리고 물론 이렇게 정리된 자료는 AI 학교의 교육에서 핵심적인 역할을 하게 될 것이다. 새로운 작가들이 과거의 작품들을 읽으며 자신의 글쓰기를 찾아가듯 사람들은 그런 자료들을 통해 어떻게 AI를 사용해야 하는지를 배우게 될 것이다. 물론 이런 일은 이미 몇몇 사이트에서 이뤄지고 있다. kaggle.com이나 paperswith-code.com 같은 외국 사이트가 그런 곳이고 한국에는 aihub.or.kr 같은 사이트가 있다. 하지만 AI 학교는 이런 자료들을 자신의 형식으로 스스로 축적하는 것이 자연스럽고 편리할 것이다.

Ⅹ 체험 위주의 학습

　　우리는 먼저 AI 학교에서 가르치는 것의 핵심은 말로 할 수 없는 것이라는 점을 기억해야 한다. 그것은 자전거를 타는 법처럼 상당 부분이 교과서에 요약할 수 없는 것이다. 그 이유도 분명하다. 만약 AI 교육의 내용을 분명한 의미를 가지고 말할 수 있다면 그건 AI도 할 수 있는 것이기 때문이다. AI 시대를 살아가는 사람이 배워야 하는 것은 AI가 하지 못하는 것이다. 학생들은 체험을 통해 이 말할 수 없는 것을 배워야 한다.

　　말할 수 없는 것도 가르치거나 배울 수 있는가? 물론 그렇다. 가장 쉬운 예는 예술 교육이다. 예술 분야는 애초에 근대화의 정신과 상반되는 철학 위에 서 있다. 그래서 근대정신에 기초한 공교육은 예술가를 키울 수 없다. 구체적인 예를 들어보자면 공교육은 작가를 만들 수 없다. 근대교육의 초기에는 학교교육을 받은 사람 자체가 별로 없었으며 학교 안의 문화가 시대를 선도하고 있었으니 학교교육이 작가를 만들 수 있었을 것이다. 하지만 공교육이 보편화된 오늘날 학교교육은 작가를 만들지 못한다. 분명 학교를 다니는 것이 책을 쓰는 일에 도움은 될 것이다. 하지만 학교를 오래 다닌다거나 남의 책을 많이 읽었다고 해서 좋은 책을 쓰는 작가가 될 수 있는 것은 아니다. 대학이 아니라 대학원을 졸업한다고 해도 마찬가지다.

문제는 공교육은 개성을 기르는 교육이라기보다는 그것을 죽이고 객관성을 강조하는 교육이라는 것이다. 모두에게 정답은 같은 것이고 선생님의 말과 학생의 답이 다르면 오답으로 처리된다. 이런 교육에 완전히 빠져 있는 학생에게 이제 네 책을 써보라고 하면 쓸 수 있을 리가 없다. 이렇게 학교교육은 작가를 만드는 일에서 도움이 되기도 하지만 방해가 되기도 하기 때문에 학교는 작가를 만들지 못한다고 말할 수밖에 없는 것이다. 이것은 창의적인 콘텐츠를 만드는 일의 가치가 그 어느 때보다 강조되는 시대임을 생각하면 고민거리가 아닐 수 없다. 말하자면 앞으로의 시대는 시키는 대로 일하는 노동자가 아니라 작가를 요구하는 시대다. 그런데도 우리는 정말 앞으로도 작가를 만들수 없는 교육 기관에서 학생들이 지금처럼 12년, 16년을 계속 바쁘게 보내도록 해야 할까?

일반적으로 예술 교육은 그 특성을 살리기 위해서 실기와 개별 지도 중심으로 이뤄지며 작품의 감상 및 비평이나 협동 프로젝트 그리고 발표 기회를 주는 것을 강조한다. 예술 교육은 실험적인 시도를 장려하고 결과의 좋고 나쁨 이전에 과정도 평가해서 성장과 발전을 독려하며 실제 현장의 경험을 강조한다. AI 학교는 이런 점들을 반영해야 할 것이다. 그리고 물론 이것은 지금의 공교육 현실과는 큰 차이가 있다.

또 다른 중요한 예도 있다. 나는 여러 번 AI 시대는 복잡하고 빠르게 변하는 시대라고 말했다. 그리고 이 세상에는 이미 그런 분야들이 있다. 그리고 그런 분야의 교육은 자연히 AI 교육이 어떠해야 하는가에 대한 모범 사례가 된다. 예를 들어 소프트웨어 개발 분야에서는 애자일 방법이라는 것이 있고, 제품 개발 분야에서는 디자인 사고라는 것이 있으며, 제품 생산에서는 린 방식이라는 것이 있다. 다소 차이가 있지만 절충되어 같이 사용하기도 하는 이 방식들은 하나같이 빠르게 변화하는 시장 상황에 대응하기 위해서 만들어졌다는 공통점이 있다. 다시 말해 소위 선형적 사고라고 말하는 순차적이고 체계적인 사고방식으로는 일의 진행이 너무 늦어서 산업계에서 생겨난 방식들인 것이다. 이러한 방법들을 가르치는 수업들은 AI 학교의 커리큘럼이 어떠해야 하는가를 알려주는 좋은 참고 자료가 된다.

그중에서 디자인 사고라는 것을 보자. 디자인 사고는 1960년 대부터 시작되었지만 2008년에 세계적으로 유명한 디자인 컨설팅 회사 IDEO의 CEO 팀 브라운이《하버드 비즈니스 리뷰》에〈디자인 사고〉라는 논문을 발표하면서 크게 주목받게 되었다. 이 방법은 애플이나 IBM 등 글로벌 기업에서 성공적으로 사용되었으며 팀 브라운의 책을 포함해서 다수의 관련 책들이 출판되어 있다. 디자인 사고는 하버드와 스탠퍼드 등에서 가르치고 있으며 제품 개발 분야에서는 보편적으로 사용되고 창업과 관련해서도 사용될 수 있다. IDEO는 디자인 사고는 단 하나의 정의로 말할 수 없다고 이야기한다. 하지만 디자인 사고 과정을 요약한 하나의 예는 다음과 같이 주어진다.

- **공감하기**(Empathize): 사용자의 필요를 조사하세요.
- **정의하기**(Define): 사용자의 필요와 문제를 명확히 진술하세요.
- **아이디어 내기**(Ideate): 기존 가정에 도전하고 새로운 아이디어를 창출하세요.
- **프로토타입 만들기**(Prototype): 해결책을 만들기 시작하세요.
- **테스트하기**(Test): 여러분이 만든 해결책을 시도해보세요.

디자인 사고에서 강조하는 것은 사용자의 필요에 대한 공감과 문제를 잘 정의하는 능력이다. 디자인 사고는 한 번에 정답에 접근하는 것이 아니라 반복적인 시도에 의해서 문제에 적응해가면서 해답을 개선해 나가는 것이고 협업과 집단지성을 강조한다. 이는 지금의 교육에서 빠져 있는 것들을 보여준다. 특히 반복적인 실패를 통해서 점진적으로 개선해 나간다는 자세는 이미 완성되어 있는 지식의 시스템을 학생들에게 가르치는 것을 핵심으로 하는 공교육과는 매우 다르다. 타인에 대한 공감과 협업을 강조한다는 것도 많이 다르다.

디자인 사고는 확률적 사고와 매우 유사하다. 단지 확률적 사고는 AI를 사용해서 문제를 해결한다는 점이 다를 뿐이다. 학교와 달리 산업계는 이미 세상의 변화에 적응하는 방법을 선도적으로 받아들인 것이다. 이런 산업계의 현실이 공교육에는 거의 반영되고 있지 않을 뿐이다. 하지만 앞으로의 학생들은 보다 어린 나이부터 AI에 대한 지식과 함께 이런 걸 배울 필요가 있다.

그런데 디자인 사고나 애자일 같은 방법들은 책을 읽거나 설명을 들어서 익힐 수 있는 것이 아니다. 그것은 현장에서의 경험과 학습을 통해 얻을 수 있는 실천적 지혜이고 그것을 실행하는 사람들에게 크게 의지하는 방법이지 어떤 매뉴얼을 그대로 따라 하면 반드시 좋은 결과를 얻는 방법이 아니다. 다시 말해 디자인 사고를 가르치는 학교가 있을 수는 있지만 거기서 가르치는 것이 모두 말로 전달될 수 있는 것은 아니다. 그것은 그것에 익숙한 사람들과 접촉하고 협동하면서 배울 수 있는 실천적 지혜다. 그래서 체험하지 않고는 학습하기 어렵다. AI 시대에 학교에 간다는 것은 말하자면, 군대에 간다든가 템플스테이처럼 어떤 종교시설에 가서 그 종교의 문화를 체험하는 것과 같은 것이 되어야 한다. 즉 바깥 세상과는 확연히 다른 문화적 정체성을 가진 공간에서 일정 기간 문화적으로 개종하여 문화체험을 하는 곳이 되어야 한다.

ⅹ 사람을 만나는 기회

　AI 학교가 어떤 곳이 되어야 할까를 고민할 때 내 머릿속에 가장 먼저 떠오른 것은 내가 대학원생 시절에 참가하고는 했던 국제 계절학교였다. 그런 학교는 기본적으로 초청 강사들에게 자신이 하는 일에 대한 강의를 하게 하고 학생들은 그 강의를 듣는 형태를 취한다.

　하지만 계절학교의 진짜로 중요한 부분은 사람과 사람이 만나는 일이다. 일단 그런 계절학교는 그 기간 동안 참가자 전원이, 즉 강의를 듣는 학생은 물론 강의를 하러 온 강사진도 같은 곳에서 숙박한다. 그래서 학생들이 서로서로 대화를 나눌 수 있게 하고 강사진이 강의 이외의 시간에서 학생들과 대화를 나눌 수 있게 한다. 사실 계절학교에 참가하는 사람들은 대학원생 아니면 박사를 받은 지 얼마 안 되는 박사후과정의 연구원들이다. 이들이 이런 학교에 참가하는 큰 이유는 단지 뭘 배우는 데 있는 게 아니라 함께 일할 사람을 구하는 것이다. 강의를 하러 온 교수들도 마찬가지다. 말하자면 강사는 자신이 하는 일을 소개하면서 학생들 중에서 자신과 함께 일할 사람을 구하고, 그것을 아는 학생들은 강사들과 대화를 나누면서 자신의 기회를 찾는다. 또 학생들은 서로서로 자기가 하는 일에 대해 소개하기도 한다. 그걸 위해서 한 곳에 숙박하는 캠프를 하는 것이다. 이런 캠프는 돈만 내면 갈 수 있는 것이 아니라 대부분 참가자에 대한 기본적인 심사도 한다. 캠프의 목적이 단순히 강의가 아니라 사람과 사람이 만나고 협업을 촉진하는 데 있기 때문이다.

AI 교육이라고 하면 사람들은 흔히 컴퓨터나 소프트웨어부터 떠올리겠지만 나는 AI 교육의 가장 중요한 부분은 1 대 1로 사람을 직접 만날 때 이뤄질 거라고 믿는다. 물론 지식을 가르칠 때 늘 이런 형태가 가장 효율적인 것은 아니다. 그래서 교육이 언제나 1 대 1로 이뤄지지는 않는다. 하지만 교육에 있어서 정말 중요한 질문은 결국 어떻게 살 것인가 하는 것이다. 그리고 이 질문은 지식의 형태가 아니라 실제로 사람을 만나고 사람과 대화를 나누면서 전달된다. 어떤 때는 그것이 전혀 교육에 관한 것이 아니어도 된다. 사람과 사람이 만나서 그냥 자유롭게 잡담을 나눠도 사람들은 자연히 상대방이 뭘 중요하게 생각하는지, 어떤 방식으로 사고를 전개하는지, 지금 하고 있는 일에 대해서 어떤 태도를 취하는지를 느낄 수 있다. 그리고 종종 그런 태도가 지식 이상으로 중요하다. 앞에서 말한 것처럼 신앙심을 가르치지 못하는 종교 교육은 실패한 것이다. 마찬가지로 어떤 삶에 대한 태도를 전파하지 못하는 교육은 실패한 것이다. 이런 만남은 만화책 매니아들끼리 만나서 이 책은 어떠냐며 잡담을 나누는 것보다 못하다.

창의적인 일에서 진짜 중요한 부분은 사소한 것에서 시작된다. 창의적인 일은 대부분 미리 정해진 교과서의 내용을 차근차근 배운다고 되는 게 아니다. 그보다는 "이런 건 재미있더라", "이런 건 왜 안 하는지 모르겠다" 같은 이야기를 하다가 시작된다. 이런 사적인 대화 속에서 학생은 경험이 있는 사람에게 진짜로 중요한 조언을 들을 수 있고 경험이 있는 사람도 새로운 아이디어를 얻기도 한다. 그래서 이런 대화는 교실이 아니라 카페나 산책 중에도 이뤄지고는 한다.

이런 점들을 생각했을 때 나는 AI 학교가 전부는 아니더라도 부분적으로는 기숙학교면 좋겠다고 생각하고, 다양한 사람들을 만나는 기회를 제공하는 것에 신경을 써야 한다고 생각한다. 소통과 협업이라는 주제가 AI 학교에서 소중한 만큼, 사람과 사람이 만나는 것은 AI 학교 교육의 몸통이라고까지 말할 수 있을 것이다.

✗ 기업가가 되기 위한 학습

AI 시대는 모두가 기업가가 되고 AI 에이전트가 직원이 되는 시대다. 지금의 공교육은 그것이 가르치는 지식의 형태 때문에 "너는 자라서 시스템의 일부가 될 것이다. 직장인이 될 것이다"라고 말하는 측면이 있다. 반면에 AI 교육은 창업가, 기업가를 키우기 위한 것이다. 근대가 가고 AI 시대가 온다는 것은 직장인의 시대가 가고 기업가의 시대가 온다는 말로도 표현할 수 있다.

AI 학교는 다양한 분야의 전문가와 사업 진행 경험이 있는 리더의 지도하에 AI를 활용한 새로운 서비스나 제품을 개발하는 일을 하는 곳이어야 한다. 학생들은 실제로 창업을 경험하고 그 과정에서 창업에 필요한 것들을 알게 되고 실무경력을 쌓게 될 것이다. 혼자 일하는 것뿐만 아니라 다른 사람과 혹은 다른 회사와 협력해서 일하는 법도 배우게 될 것이다. AI 학교는 결국 다음 세대를 위한 안전한 실험장이자 성장의 공간이 되어야 한다. 여기서 학생들은 실패를 두려워하지 않고 도전하며, AI와 함께 문제를 해결하는 방법을 배우고, 미래 사회의 주체로 성장할 수 있어야 한다. 이는 단순한 기술 교육이나 창업 교육을 넘어서는, 새로운 시대를 위한 종합적인 교육 혁신이 되어야 할 것이다.

이러한 것들을 참고해 다음과 같이 AI 학교의 교육 과정을 구성해볼 수 있다.

배경지식 영역
- AI의 기본 원리와 발전 역사
- 경영학 기초와 비즈니스 마인드
- AI 도구 활용법(챗GPT, AutoML 등)
- 기초 프로그래밍과 데이터 과학
- 자기 소개와 발표 기법
- 디자인 사고와 문제해결 방법론
- 미래학과 트렌드 분석

체험 영역
- 비즈니스 모델 캔버스 작성 실습 (부록 2 참조)
- 실제 사회문제 해결 프로젝트
- 게임 디자인과 개발 실습
- 메타버스 창업 시뮬레이션
- 데이터 수집 · 분석 · 시각화 실습
- AI 기반 제품/서비스 기획

- 팀 프로젝트 운영 실습
- 크라우드 펀딩 캠페인 실습

윤리와 철학 영역
- AI 윤리와 책임
- 데이터 프라이버시와 보안
- 지속 가능성과 사회적 책임
- 집단지성의 원리와 실천
- AI 사용의 금기 사항
- 인간 가치의 재발견
- 확률적 사고의 철학적 기반

이러한 커리큘럼은 결코 지금 학교의 커리큘럼과는 같지 않고, AI 학교에서 가르쳐야 할 모든 주제들을 다 담은 것도 아니다. 윤리적 문제에 대해서는 어느 정도 의무적인 수강이 필요하겠지만, 학생들은 이러한 각각의 주제 전부를 심도 있게 배울 것이 권장되지도 않는다. 내가 이 책에서 하고 있는 것처럼 전반적인 소개는 필요하다. 하지만 하나의 주제를 다 배운 후에 다른 걸 배우는, 마치 지금의 학교에서 1학년을 마치고 2학년으로 나아가는 식으로 이런 주제들을 공부해서는 안 된다. 그보다 학생들은 전반적 소개 이외에는 각자의 주제에 대해 필요할 때마다 조금씩 더 공부하거나 그것에 대해 잘 아는 사람의 도움을 받는 식으로 배워야 한다. 강의를 듣는 가운데에도 자신이 직접 참여할 수 있는 프로젝트가 있다면 그 프로젝트에 참여해서 실천을 통해 일을 배우고 경력을 쌓아 나가도록 격려되어야 한다.

AI 학교는 순서대로 뭘 배우는 곳이 아니라 소통과 학습을 위해 사람과 정보를 집약해놓은 시설이며 그 안에서 학생이 경험과 경력을 쌓아가기 위한 공간이다. 이러한 교육은 기존 공교육의 일부를 대체해야 한다. 한국에서는 진로탐색을 위한 자유학기제가 2013년 이래 실시되어왔다. AI 교육은 이런 제도를 확대하면서 적용할 수 있을 것이다.

하지만 자유학기제는 문재인 정부에서 자유학년제로 확대되었다가 2025년부터 다시 자유학기제로 축소된다고 한다. 이것은 기존 교육을 대안적 교육으로 대체하는 일이 매우 어렵다는 것, 그리고 대안적 교육의 목적과 형식에 대한 근본적인 고민 없이는 그 효과가 있기 힘들다는 것을 보여준다. 하지만 AI가 발달할수록 기존 교육의 문제는 더 커질 것이다. AI 교육의 비중은 늘어나야 한다. 따라서 자유학년제의 축소는 바람직하지 않아 보인다.

AI 학교의 교사는 전통적인 방식으로 지식을 전달하는 사람이 아니라, 학습과 협력을 촉진하는 사람이고 개인별로 상담을 해주는 멘토이며 노하우를 전수하는 사람이다. AI 학교 내부에서도 여러 가지 수업 과정들이 존재하므로 그에 맞는 교사들을 어떻게 구해야 하는지는 고민할 필요가 있을 것이다. 이런 교사들을 한꺼번에 많이 구하는 것은 현재로서는 쉽지 않은 일이다. 하지만 AI 교육에 참고할 만한 영역 및 산업 현장에서 사람을 구할 수 있으며, 궁극적으로는 AI 교육이 반복되고 AI가 보다 널리 쓰이게 됨에 따라 교사 수급 문제는 차차 해결될 수 있을 것이다.

세상에는 앞에서 말한 디자인 사고를 위한 학교 이외에도 AI 학교에서 참고하거나 흡수할 만한 캠프들이 있다. 예를 들어 인기 콘텐츠 크리에이터들이 강연과 팬미팅을 하는 다이아 페스티벌이나, 창작 실습 및 강의를 제공하는 한국콘텐츠진흥원의 CKL 프로그램이 있다. 청년들을 지원하는 스타트업 캠프들도 여러 가지가 있는데 은행권청년창업재단 디캠프나 중소벤처기업부의 청년창업사관학교가 그 예들이다. 빠르게 변해가는 세상에 적응하기 위해 많은 청소년들과 청년들이 이미 다양한 캠프에 참가해, 진로를 탐색하고 전문지식을 습득하며 비슷한 또래와 교류할 수 있는 기회를 얻고 있다. 이런 여러 가지 캠프들을 연계해서 하나의 코스로 만들려는 시도도 대학이나 기업이나 정부 차원에서 이뤄지고 있다.

하지만 현재의 상황은 적어도 세 가지 측면에서 아쉬움이 있다. 첫째로는 이러한 여러 캠프들이 인기를 얻는 것은 사람들이 필요성을 이미 느끼고 있기 때문임에도 불구하고 공교육처럼 정부 차원에서 모든 학생들에게 기회를 주는 것이 아니라는 점이다. 학생들은 경력을 쌓기 위해서 기본적으로 스스로 적당한 곳을 찾아 신청하고 비용도 부담해야 한다. 자연히 정보 부족과 재정 문제 때문에 교육이 불균형하게 이뤄지고 있다. 경제력과 인구가 몰려 있는 수도권에 비해 지방은 불리한 면도 있다. 따라서 이러한 캠프들을 보다 정규적인 교육의 일부가 될 수 있도록 포용할 수 있는 방안을 찾아야 할 것이다.

두 번째로는 학생들의 시간 대부분을 이미 정규교육이 채우고 있기 때문에 이러한 과외 활동들은 짧게, 그것도 주말이나 방학 중에 간헐적으로 이뤄지고 있다는 것이다. 그러나 단편적 지식의 습득을 넘어서 깊은 체험이 이뤄지기 위해서는 일정 정도의 교육 기간이 필요하다. 한국을 관광 삼아 일주일간 둘러보는 것과 한국에서 1년간 살아보는 것은 전혀 다른 체험을 준다. 지금의 공교육과는 다른 분위기에 제대로 빠져들기에 이런 캠프들은 대개 너무 단기적이다. 학생들은 정규교육이 시작되면 학교생활로도 바쁘기 때문에 여러 가지 체험활동들은 상당히 무리한 것이거나 피상적인 것이 될 수밖에 없다. 따라서 이런 체험과 교육을 위한 시간을 공식적으로 확보할 필요가 있다. 예를 들어 안식년처럼 학생들은 몇 년에 한 번씩은 공교육을 떠나 1년 과정으로 이런 교육에만 집중하는 시간을 가질 수도 있을 것이다.

마지막으로는, 학교 바깥에서 존재하는 여러 가지 활동들은 아주 다양해서 하나의 문화적 흐름으로 정리되지 않는다는 것이다. AI 학교는 기존의 공교육처럼 단일한 커리큘럼을 따라 학생들이 수업을 듣게 하는 것이 아니라 다양한 기회를 제공하는 곳이 되어야 한다. 이는 지금 이미 학교 바깥에서 진행되고 있는 여러 캠프들을 수용하는 형태일 수도 있을 것이다. 어떤 캠프를 어떻게 수용할지 정하려면 우리는 선택을 해야 한다. 그래서 우리는 AI 교육은 물론 기존의 공교육이 가지는 문화적 철학적 정체성을 분명히 할 필요가 있다. 그렇게 할 때 교육적 효과를 높일 수 있다.

AI는 희망이 될 수 있을까?

책을 끝내면서 돌아보면 결국 내가 하고 싶은 말은 우리에게는 문제가 있는데, 그걸 풀 희망도 있다는 것이다. 그 문제란 근대의 문제고 그 희망이란 AI다. 근대사회는 인간이 만들어낸 시스템이지만 점차 인간을 억압하고 인간을 자기 주변만 보는 근시안적인 단순한 생명체로 만드는 경향이 있다. 근대사회는 시장 경제를 발달시켜 인간에게 물질적 풍요를 가져왔지만, 인간을 소비에 중독시키고 돈의 노예로 만들기도 했다. 인간은 이제 직장인이 되는 것을 당연한 것으로 안다. 그래야 돈을 얻을 수 있을 뿐만 아니라 자신의 존재 의미도 찾을 수 있기 때문이다. 기계가 되고 만 세상에서 존재의 의미는 나는 어떤 부품인가 하는 질문에서 나온다.

AI를 터미네이터처럼 인류의 생존을 위협하는 기계로 생각하는 사람들에게 AI가 희망이란 말은 낯설게 들릴지 모른다. 이 말에는 두 가지 함의가 있다. 하나는 이미 근대의 병이 심각해서 우리를 죽이고 있다는 것이다. AI가 생존을 위협하기 전에 이미 근대의 병이 인류의 생존을 위협하고 있다. 우리는 어차피 이대로 살 수 없다. 이대로는 어리석어진 사람들이 스스로 우리가 세운 문명을 파괴할 것이다. 경제위기건 전쟁이건 자연재해건 어떤 형식으로건 말이다. 또 하나는 AI가 저절로 우리에게 좋은 미래를 가져다주는 것이 아니라, 그럴 가능성이 있다는 것이다. 우리가 AI를 잘 쓴다면 말이다.

AI를 잘 쓰기 위해서 우리는 주인 되는 연습을 해야 한다. AI에게 뭐라고 명령을 내릴지 알아야 하고, AI의 답변이 가지는 한계도 이해해서 무조건 AI의 말을 믿지도 말아야 한다. 우리는 무엇보다 넓은 시야가 필요하다. 바쁜 일상 속에서 고개를 처박고 땅만 보지 말고 고개를 들어서 우리 주변에 뭐가 있는지, 더 멀리 지평선 너머에는 뭐가 있는지를 봐야 한다. 메타인지 능력이란 그것을 위해 필요한 것이다.

나는 AI 낙관론자일까? 나는 미래를 낙관한다기보다는 좋은 미래로 가는 길을 찾는 사람이다. 미래를 위한 비전을 가지면 우리는 열정과 비전을 가진 교육도 할 수 있을 것이다. 하지만 이 말은 알아서 굴러가도록 내버려두면 세상은 안 좋아질 가능성이 더 크다는 말과도 같다. 그러니까 나는 AI 비관론자일지도 모른다.

AI에 관련하여 생산성 혹은 돈을 얼마나 벌어주는가를 기준으로 생각하면 미래는 좋아 보이지 않는다. 기업은 AI를 위해 돈을 쓸 용의가 있다. 왜냐면 한 사람의 노동자를 고용하기 위한 비용은 이미 상당히 비싸기 때문이다. 예를 들어 한 달에 200달러의 사용료를 내는 AI가 있다고 해보자. OpenAI의 새로 나온 AI, 챗GPT o1 pro가 그렇다. 사용료가 비싸다고 해도 그 AI가 기업의 노동자 한 사람만 대체할 수 있다면 인간의 임금보다는 훨씬 적다. 반면에 개인은 AI를 쓴다고 해서 그것이 당장 개인의 생산성을 늘려서 AI를 위해 쓴 비용을 보상하고도 남을지가 불분명하다. 비싼 AI를 쓴다면 새로운 사업을 벌여야 돈값을 할 것이다. 하지만 사람은 보수적이라 그렇게 하지 않고 지금 생활 속에서 편의를 얻는 정도에서 멈출 가능성이 크다. 이러면 개인은 한 달에 200달러의 사용료를 낼 생각은 들지 않을 것이다. 그러니까 내버려두면 기업을 위한 AI가 주로 개발될 것이고 세상은 비관론자가 걱정하는 대로 될 것이다. 기업과 부자는 강해지고 개인과 가난한 사람은 약해진다.

나는 AI로 무장한 개인들이 집단적으로 소통할 때 거기서 진짜 가능성이 열릴 것이라고 믿는다. 기존의 대기업이 AI를 쓰는 것이 이미 있는 사업의 생산성을 개선하는 것에 지나지 않는다면, AI로 기업화된 인간들이 소통하고 협업하며 만들어내는 사업은 이제까지는 없었던 사업일 것이다. 우리는 이미 인터넷과 PC의 보급에서 이 같은 일이 일어나는 것을 목격했다. 새로운 산업들이 발달하게 만들기 위해서는 되도록 많은 사람들이 이러한 상황을 이해하고 AI 대중화를 지지할 필요가 있다. AI를 위한 인프라를 도로나 전기 같은 기본적 사회 인프라로 생각할 필요가 있다. 우리는 이런 일을 위해 세금을 써야 한다.

　AI는 정말 희망이 될 수 있을까? 확실한 건, AI가 희망이 될지는 우리에게 달려 있다는 것이다. 저절로 그렇게 되지는 않는다. 우리가 노력할 때 그렇게 될 수 있다. 우리는 이미 심각한 병에 걸려 있지만 노력하면 희망이 있다는 것. 결국 그게 내가 하고 싶은 말이다.

부록

AI와 지능을 확장하기 위한 도구들

본문에서 나는 'AI 시대란 어떤 시대인가' 하는 질문에 집중했다. 그것은 이와 긴밀하게 연결된 'AI란 무엇인가'라는 질문과는 좀 다르다. 나는 이 질문에 대해서는 이미 《인공지능이 할 수 있는 것, 할 수 없는 것》에서 다룬 바 있다. 여기서는 그것을 일부 확장하고 요약해서 소개하도록 하겠다.

AI와 AI 패러다임은 다른 것이다

우리는 AI란 무엇인가, AI는 뭘 할 수 있고 뭘 할 수 없는가 같은 질문을 던진다. 그리고 그 답을 알고 싶어 한다. 그런데 이 질문에 답하기 전에 우리는 생각해볼 것이 있다. 여기서 말하는 AI란 도대체 무엇일까? AI란 새로운 것이기 때문에 AI에 대한 용어들에는 혼란이 있다. 사람들이 AI라고 말할 때는 서로 다른 두 가지 의미가 있다. 그런데 사람들은 이를 모르고 따라서 구분해서 말하지 않는다. 나는 구분할 필요가 있을 때는 AI와 AI 패러다임이라고 따로 말한다. AI 패러다임이란 무엇일까? 그리고 이런 혼란은 어떤 결과를 가져올까?

이런 질문들을 설명하기 위해 과학 이론과 과학 패러다임의 관계에 대해서 이야기해보자. 과학 이론은 우리가 과학 패러다임 혹은 그냥 과학이라고 부르는 것과 다른 것이다. 과학 이론은 전자기학이나 원자론처럼 구체적인 내용이 있는 지식의 시스템이거나 지식이다. 그리고 이것이 무엇인가를 질문하는 것은 그러니까 전자기학이 무엇인가를 질문하는 것은 순수하게 과학적이다.

하지만 과학이란 무엇인가를 묻거나 과학이 뭘 할 수 있는가를 묻는 것은 과학적인 질문이 아니다. 과학은 뭘 할 수 있는가를 물을 때 여기서 우리는 지금 이미 존재하는 과학 이론들이 뭘 할 수 있는가를 묻는 것이 아니다. 우리는 아직 만들어지지 않았고 미래에 출현할 수 있는 과학 이론들을 포함해서 모든 과학 이론들이 할 수 있는 것을 묻고 있다. 그래서 이 질문은 과학 이론을 만들어내는 접근법인 과학 패러다임이 어디까지 문제를 해결할 수 있는가를 묻는 것이다. 과학이란 무엇인가에 대해 답하는 것은 과학적인 질문이 아니라 철학적인 질문이 되는데, 왜냐면 우리가 과학이 무엇인지 답하기 위해서는 과학이 무엇이 아닌지도 말해야 하기 때문이다. 다시 말해서 과학과 과학이 아닌 것을 구분하고 그 양쪽의 차이가 무엇인지를 말해야 우리는 과학이 무엇인지, 과학의 한계가 무엇인지를 말할 수 있으며 이것은 과학의 영역을 넘어가므로 철학의 영역이 된다. 이렇게 우리가 그냥 과학이라고 부르는 과학 패러다임은 과학 이론과는 다른 것이다. 이것을 이해해야 우리는 과학에 대한 질문을 던질 수 있다. 과학 이론인 전자기학은 뭐든지 할 수 있는 것은 아니다. 그러나 과학적 방식으로 문제를 풀어가는 과학의 가능성은 무한하다.

새로운 AI 분야에서는 사람들이 이와 같은 구분을 하지 않는다. 그래서 질문과 답변이 어긋나는 일이 생기기 쉽다. AI는 무엇인지 또는 AI는 무엇을 할 수 있는지 물을 때 우리는 지금까지 나와 있는 AI들이 뭘 할 수 있는지를 묻는 것이 아니다. 그것은 앞으로 출현할 수 있는 AI들을 포함한 모든 AI들에 대한 질문이다. 따라서 이 질문들은 AI가 아니라 AI를 만드는 방법론인 AI 패러다임에 대한 질문이다. AI는 AI 패러다임으로 만들어지는 결과물이며, 그것은 과학 이론이 그러하듯이 구체적인 내용을 가진다. 예를 들어 자율주행 AI는 자동차를 운전한다는 기능을 가진다. 그리고 자율주행 AI가 무엇인가를 묻는 것은 순수하게 공학적인 질문이라고 할 수 있다. 우리는 특정한 자율주행 AI가 무엇인지 묻는 질문에 어떤 데이터를 쓰는지, 어떤 모델을 쓰고, 어떻게 학습시키는지 등에 대해 설명함으로써 답할 수 있다.

과학이 과학 이론이 아니듯 AI 패러다임은 AI가 아니다. AI 패러다임은 AI를 만드는 접근법이고 AI는 어떤 문제에 대한 해결책이다. 따라서 AI 패러다임은 AI를 만들어서 어떤 문제를 해결하는 접근법이라고 할 수 있다. 과학이 그러하듯 AI 패러다임의 가능성은 무한하다. 그리고 AI 패러다임이 무엇인가 하는 질문에 답하는 것은 공학적인 영역을 넘어선다. 우리는 과학이란 무엇인가라는 질문에 답하려고 할 때와 마찬가지로, AI 패러다임을 다른 방식의 문제해결 접근법들과 비교할 필요가 있다.

AI와 AI 패러다임을 혼동할 때 우리는 AI 패러다임이 무엇인지 질문했는데 AI들에 대한 기술적이고 공학적인 답변을 듣게 되기 쉽다. 이래서는 답을 들어도 소용없다. 실제로 그 답은 서로 다른 패러다임들과의 비교라는 핵심을 빼먹었기 때문에 AI 패러다임이 무엇인가에 대한 답이 될 수 없다.

여기서 교육과 관련해서 우리가 꼭 주목해야 할 것이 있다. 그것은 모두를 위한 AI 교육에서 핵심적으로 가르쳐야 하는 것은 AI가 아니라 AI 패러다임이라는 것이다. 본문에서 말한 확률적 사고는 AI 패러다임의 기술적인 부분을 제외한 철학적이고 정신적인 부분을 말한다. 이것은 AI 패러다임을 AI를 만드는 일을 넘어서 일상적인 일에까지 적용한 결과라고 할 수 있다. 과학적 사고가 그렇듯이 말이다.

AI에 대한 기술적인 교육만으로는 진짜 AI 교육이 될 수 없다. 이것은 현재의 교육만 봐도 알 수 있다. 우리는 지금 과학기술의 시대를 살고 있으며 한시도 쉬지 않고 기계와 전자제품들을 쓰면서 살고 있다. 대표적인 예로 스마트폰과 자동차를 들 수 있을 것이다. 그러나 그 분야에서 일하는 전문가가 아니라면 대부분의 현대인들은 스마트폰이나 자동차를 어떻게 만드는지 모르고 양자역학 같은 이론을 공부하지도 않는다. 우리는 그냥 그런 것들을 쓰고 있으며 우리가 이해하지 못하는 기계나 이론이 세상에서 중요한 역할을 하고 있다는 것을 알 뿐이다. 다만 정확한 내용은 이해하지 못해도 큰 형식적인 틀 속에서 그것이 대충 어떤 것들인가는 이해하고 있다. 그래서 그것이 마법으로 움직이는 게 아니라는 것은 알고 있고 기계에 대한 공포에 빠지지는 않는다. 그런 기계를 사용할 때 지켜야 할 규칙도 이해한다. 이런 사실들은 모든 사람들이 공부한 것은 엄밀히 말해 과학 이론이라기보다는 과학 패러다임과 과학적 사고라는 사실을 말해준다.

AI에 대해서도 마찬가지다. 구체적인 AI에 대한 공부는 기본적으로 그걸 개발하는 개발자에게만 필요한 것이다. 앞으로 AI 시대가 온다고 해도 AI 만들기에 대한 공학적인 세부사항을 모두가 알고 공부하는 때는 오지 않을 것이다. 그럴 필요가 없기 때문이다. 텔레비전의 세상이 왔다고 해서 모두가 텔레비전 만드는 법을 공부하지 않는다. 심지어 방송국 PD들이나 드라마에 출연하는 배우들도 텔레비전 만드는 법은 알 필요가 없다. 인터넷도 마찬가지고 전화기도 마찬가지다.

사실 AI 공부는 매우 소모적이고 비효율적이다. 지금 AI는 너무나 빨리 발달하고 있기 때문에 이 분야에서 일하는 전문가들도 새롭게 나온 AI들이 어떤 것인지 따라가는 데 곤란함을 겪고 있다. 새로운 AI가 너무 많다. 이런 AI에 대한 공부를 AI 개발자도 아닌 사람들이 하는 것이 가능할 수가 없다. 설령 공부를 한다 해도 6개월이나 1년만 지나면 새로운 AI들이 많이 나타나기 때문에 작년에 배운 것이 의미가 약해진다. 그래서 공학적 기술적 사실들의 공부는 끝이 없다. 세부사항에 지나치게 빠져들고 표면만 건드리다가 멈추는 것은 AI 교육이 전혀 이뤄지지 않은 것이나 마찬가지다. AI 교육의 핵심은 AI 패러다임과 확률적 사고를 배우는 것이다. 그런데 지금은 용어의 구분조차 제대로 이루어지고 있지 않다.

AI는 최적화로 발견된다

AI는 사실 만드는 것이 아니라 발견하는 지식이다. 과학자가 자연을 관찰한 데이터 속에서 자연법칙을 발견하는 것처럼 AI는 준비된 데이터 속에서, 사람들이 풀고자 하는 문제의 틀 속에서 발견된다. 다만 차이가 있다면 자연법칙을 발견하는 것은 인간의 직관력에 달린 일이다. 즉 수학과 같은 도구를 쓴다고 해도 자연법칙은 어디까지나 인간이 직접 데이터 속에서 발견하는 것이다. 하지만 일단 풀어야 할 문제와 AI 모델이 정해지고 나면, AI는 인간의 직관력과는 상관없이 컴퓨터 최적화 과정에 의해서 발견된다. 나는 AI를 제3의 지식이라고 부르는데 이는 AI가 지식은 지식이지만 인간의 직관력과는 상관없이 발견되는 지식이며, 따라서 인문학 지식도 과학 지식도 아닌 지식이기 때문이다. 인문학과 과학의 분열을 논한 책인《인간을 묻는다(The Identity of

Man)》에서 제이콥 브로노우스키는 이 두 개를 지식의 서로 다른 양태라고 말한 적이 있다. 그래서 AI는 제3의 지식이다. 중요한 것은 AI가 지식이라는 점, 그리고 그것이 과학 지식 같은 다른 지식과는 다른 특성을 가진 지식이라는 점이다.

AI가 발견되는 것인지 만들어지는 것인지는 그저 표현의 문제이기는 하다. 일반적으로 만든다는 표현을 쓰므로 나도 AI를 만든다는 표현을 쓴다. 하지만 'AI는 발견하는 것이다'라는 말도 꼭 기억할 필요가 있다. 이 표현은 AI의 중요한 특성을 말해주기 때문이다. AI는 물리적 세계에서 말하자면 자연법칙과 같은 것이다. 그것은 우리 주변의 기계들이나 증명 가능한 수학 정리처럼 인간이 그 논리적 구조를 구성하고 만드는 것이 아니다. 과학에서는 우리가 발견한 자연법칙들을 지식 시스템의 확고한 토대로 삼고 그 위로 지식들을 쌓아 올린다. AI도 그렇게 할 수는 있지만, AI는 과학적 지식처럼 엄밀한 것이 아니고 종종 틀린 답도 내놓기 때문에 AI들을 복잡하게 쌓아 올려서 문제를 해결하는 데에는 명확한 한계가 있다. 따라서 새로운 문제에서는 기본적으로 다시 별도의 최적화 과정을 거쳐서 다시 AI를 발견해야 한다.

물론 AI에는 기계처럼 만든다고 말할 수 있는 부분이 있다. AI 개발자들은 학습 규칙을 정해야 하고, 특히 특정한 구조를 가지는 학습 모델을 준비해야 한다. 또 데이터도 모아야 한다. 그걸 잘하기 위해서 그들은 많은 노력을 기울인다.

하지만 자연과학에도 비슷한 과정이 있다. 과학자들도 데이터를 모은다. 게다가 형이상학이 AI 모델과 같은 역할을 한다. 알베르트 아인슈타인은 일찍이 우리가 관찰할 수 있는 것을 결정하는 것은 우리의 이론이라고 말한 적이 있다. 이 말은 관찰은 그냥 이뤄질 수 없고, 그 이전에 어떤 형이상학적 바탕 내지 기초가 있어야 관찰도 가능하다는 뜻이다. 그리고 관찰이 가능해지고서야 자연법칙의 발견이 있다. 여기서 중요한 것은 그래도 우리는 과학 분야에서 자연법칙을 발견한다고 말한다는 것이다. 형이상학적 전제가 없이는 자연법칙도 발견할 수 없지만 우리는 자연법칙을 만든다고 말하지는 않는다. 자연법칙이 데이터 속에서 발견하는 것이듯, AI도 데이터 속에서 발견하는 것이다. 그것은 컴퓨터 최적화에 의해 발견되기 전에 이미 문제 자체 안에 존재한다. 이러한 비교를 하다 보면 AI 모델은 자연과학에서의 형이상학에 해당하는 것이라는 것을 알게 된다. AI 모델의 선택은 발견될 수 있는 AI를 제한한다.

구체적으로 말해서 AI는 AI 모델과 그것이 가진 변수들의 값으로 정의될 수 있다. 그리고 그 변수들의 값을 발견하는 과정이 학습 과정이라고 불리는 컴퓨터 최적화 과정이다. 그 과정을 간단히 설명해보면 이렇다. 이 세상에는 어떤 변숫값을 바꾸면 그 기능이 바뀌는 기계들이 있다. 예를 들어 라디오는 주파수라는 변수를 바꾸면 수신하는 방송국이 달라지는 기계다. 이런 기계는 1변수 기계라고 부를 수 있을 것이다. 물론 볼륨을 바꾸면 소리가 더 커지지만 그건 상대적으로 사소한 기능의 변화이므로 무시하도록 하자.

오븐은 2변수 기계라고 할 수 있다. 오븐에는 오븐의 설정 온도가 있고, 요리하는 시간을 의미하는 조리 시간이 있다. 그래서 200도에 40분을 맞추는지 160도에 2시간을 맞추는지에 따라 오븐은 다른 요리를 하는 기계가 된다.

이렇게 변수를 가진 기계는 그 기계가 가진 변숫값이 변하면 다른 기능을 가진 기계로 바뀌는데 AI는 이 변수의 수가 아주 많다. 챗GPT3.5는 그 변수의 숫자가 1750억 개로 알려져 있고 이후에 나온 다른 LLM들은 5000억 개에서 1조 개가 넘는 변수를 가졌다고 알려져 있다. 이렇게 변수의 수가 많으니 라디오나 오븐에서처럼 사람이 이 변수들을 하나하나 바꿔줄 수가 없다. 그래서 컴퓨터가 등장하는 것이다. 컴퓨터는 이런 엄청난 수의 변수들을 한꺼번에 바꾸면서 AI 모델의 기능을 바꾼다. 그렇게 해서 최종적으로는 주어진 문제를 해결할 수 있는 변숫값들을 발견하게 되는 것이다. 이렇게 발견된 변숫값이 AI의 핵심이다. 그래서 AI는 기본적으로 만들어지는 것이 아니라 발견하게 되는 것이라고 한 것이다.

AI 개발자는 AI 모델과 최적화 방법을, 즉 어떻게 위에서 말한 변수들을 바꿀 것인가에 대한 세부사항들을 개발한다. 그들에게는 이 세부사항이 진짜 중요하지만 이 세부사항을 아는 것은 자동차나 컴퓨터 같은 기계를 만드는 법의 세부사항을 아는 것과는 다르다. 우리 주변의 기계들은 인간의 설계에 따라서 부품들을 조립해서 '만들어'진다. 어떤 부품이 어떻게 조립되어야 하는 지에는 다 인간의 정확한 의도가 있다. 그걸 잘못하면 기계는 작동하지 않는다. 우연한 실수가 발명의 계기가 되는 일은 있지만, 복잡한 기계는 실수로 만들어질 수 없다. 실수로 조립을 잘못했는데 컴퓨터가 더 잘 작동할 가능성은 한없이 낮다.

하지만 AI는 인간의 의도가 아니라 기본적으로 데이터와 시행착오에 기반하여 만들어진다. 사람들은 AI 모델을 만들면서 인간의 사고방식이나 뇌의 구조를 참고해서 그와 비슷하게 만들려고 할 수 있다. 이 같은 AI 모델은 더 그럴듯하게 들린다. 하지만 이는 반드시 그런 AI 모델이 성공한다는 뜻은 아니다. 굉장히 그럴듯한 가설에 기초해서 만든 AI 모델도 실제로 적용해보면 결과가 그리 좋지 않을 수 있다. 반대로 너무 단순해서 안 될 것 같았는데 써보니 아주 좋은 결과가 나올 수도 있다. 자동차의 구조를 이해하면 우리는 자동차라는 기계를 좀 더 잘 알게 되지만, AI 모델의 내부 구조를 자세히 안다고 해서 AI에 대한 이해가 크게 올라가지는 않는다. 어떤 AI를 만들 때 쓴 모델이 이러저러한 특징을 가져서 그 AI가 성능이 좋다고 말하는 것은 그저 인간이 만들어낸 큰 의미가 없는 설명일 뿐이다. AI는 발견하는 것이고 기본적으로 이해 불가능한 것이다. 그래서 그런 설명은 그저 흥밋거리에 가깝다. 그래서 예를 들어 딥러닝 방법이 왜 잘 작동하는가에 대한 설명도 공학적이거나 과학적으로 엄밀한 설명이라기보다는 흥밋거리에 가까운 측면이 있다.

마지막으로, AI는 컴퓨터 최적화를 통해서 발견되는 것이며 그것은 자연과학에서라면 자연법칙과 같다는 말에 대해서 한마디 더 덧붙이고 싶다. 사실 물리학의 자연법칙들 역시 최적화의 과정에 의해서 설명될 수 있다. 예를 들어 물리학에는 최소작용의 원리라는 것이 있는데, 이에 따르면 뉴턴의 운동법칙이라는 자연법칙을 물체는 라그랑지안이라는 함수값의 적분값인 작용(action)을 최소화하는 경로를 따른다는 원리로 설명할 수 있다. 즉 자연법칙도 AI처럼 최적화 과정의 결과물로 해석할 수 있다. 이 이외에도 물리학에는 많은 최적화 원리가 있다. 빛의 경로는 두 점을 잇는 최소 시간의 원리에 따라 정해진다. 통계역학에는 엔트로피의 최대화나 최소 자유에너지 원리가 있다.

다시 정리해서 말한다면, AI는 문제가 정의되는 공간인 문제 공간 안에서 특정한 목적을 달성하기 위한 최적화 과정에 의해서 발견된다고 할 수 있다. 예를 들어 바둑 게임이라는 시스템으로 정의되는 문제 공간 안에서 게임을 이긴다는 목적을 위해 발견되는 것이 바둑 AI다. 그리고 물리학에서의 자연법칙들 역시 이와 같은 식으로 설명될 수 있다. 다만 이 경우 문제가 정의되는 공간이란 물론 물리 공간이다. AI 교육에서 강조하는 문제의 구성은 하나의 작은 세계의 창조와 비슷하다. AI는 그 세계에 대한 지식이다.

AI와 데이터 분석

컴퓨터 최적화 과정을 통해서 AI를 찾아낸다는 AI 패러다임은 다르게도 표현할 수 있다. 컴퓨터 최적화 과정은 기본적으로 주어진 데이터에 근거한 것이다. 그래서 우리는 AI 패러다임을 데이터를 저장하고 생산하며 분석하는 방법이라고도 말할 수 있다.

한번이라도 챗GPT에게 질문을 던져본 사람은 AI가 데이터를 저장하는 방법이라는 것을 느꼈을 것이다. AI는 학습한 정보를 기억하고 있다. 그래서 저작권 문제가 없는 책의 경우에는 책의 내용도 줄줄이 인용해줄 수 있다. 그렇지 않은 경우에는 못하는 것이 아니라 저작권 문제를 지키기 위해서 안 하는 것이다.

AI는 데이터를 생산하는 방법이기도 하다. 이미 존재하는 AI들은 주어진 입력에 대해서 새로운 출력을 내놓는다. 그러니까 마치 스위치를 누르면 공장에서 제품이 나오듯 AI에게 입력들을 던져 넣으면 새로운 데이터들이 생산되는 것이다. 요즘은 음악을 작곡하고 에세이를 쓰고 그림을 그리는 생성형 AI들이 많다. 이런 AI들은 AI가 데이터를 생산하기도 한다는 것을 잘 보여준다. 마치 공식에 숫자를 넣으면 답이 나오듯 AI는 입력값을 기반으로 새로운 데이터들을 만들어낸다.

AI 패러다임이 데이터를 분석하는 방법이라는 것은 조금 더 자세한 설명이 필요한 부분이다. 그것은 이 사실이 왜 AI가 오늘날 점점 더 중요해지는가, 그리고 우리는 왜 원하든 원하지 않든

AI를 피할 수 없는가라는 질문의 답이기도 하기 때문이다. 오늘날 세상에는 데이터 분석이 필요한 질문이 점점 더 많아지고 있다. 세상이 더 복잡해지고 빨리 변하고 있다. 세상에서 일어나는 일들 간의 확률적 인과관계를 알아야 할 이유는 그럴수록 오히려 더 커진다. 예를 들어 21세기 사람에게는 이미 상식이 된 것이 흡연이 폐암을 불러일으킨다는 사실이다. 그래서 요즘은 금연인 곳도 많고 갓난아이 앞에서 담배를 피운다든가 필터 없는 담배를 피우는 일은 거의 없어졌다. 하지만 흡연이 폐암을 불러일으킨다는 주장은 분명히 확률적인 문제라는 점에 주목하라. 담배를 피운다고 모두 폐암에 걸리는 것도 아니고 폐암 환자가 모두 흡연가인 것도 아니다. 그래서 데이터 분석이 필요하다. 그런데 흡연이 폐암을 불러일으킨다는 사실을 증명하는 데에는 40년 이상의 시간이 걸렸다. 이는 부분적으로 담배회사의 반박이 있었기 때문이기도 하다. 그동안 얼마나 많은 연구가 필요했는지 둘째치고 그동안 얼마나 많은 사람들이 죽었을까를 생각하면 데이터 분석이 얼마나 어렵고 중요한지를 느낄 수 있을 것이다. 이것이 과거의 어리석었던 사람들의 일이라고 생각한다면 우리는 최근에도 지구온난화가 인간의 탓인가 아닌가를 두고 똑같이 오랜 시간을 끌었다는 점도 주목해볼 수 있을 것이다. 데이터 분석이 너무 늦으면 그래서 사회적 행동이 너무 늦으면 인류 전체가 위기에 빠질 수도 있다.

우리는 오늘날 복잡한 세상에 살면서 매일매일 데이터 분석이 필요한 확률적 질문과 부딪힌다. 어떤 아이디어가 시장에서 성공할 것인지, 폭력적 게임이 범죄를 불러 일으키는지, 어떤 사람을 신입사원으로 뽑아야 할 것인지, 차별은 존재하는 것인지, 누가 다음 대통령이 될 것인지 같은 질문들이 모두 다 데이터 분석이 필요한 질문들이다. 그리고 초원에서 수렵채집하던 원시인과 다르지 않은 DNA를 가진 인간의 타고난 직감은 복잡한 확률 문제나 데이터 분석을 하는 일에서 그다지 믿을 수 없다. 그래서 우리는 자기 직감을 믿기보다는 좀 더 체계적인 분석 방법인 확률통계이론에 의존해야 한다. 체계적인 분석 결과와 비교하면 인간의 직관적 판단들은 비합리적이다.

데이터 분석은 우리가 우리의 행동에 대해 얼마나 책임을 져야 하는가에 대한 답을 주기도 한다. 아이들을 체벌했을 때 그 행동이 아이들의 성장에 어떤 영향을 미칠 것인가 하는 것도 데이터 분석의 대상이다. 탄산음료가 우리의 체형에 어떤 영향을 미칠까 하는 것도 데이터 분석의 대상이다. 상대방에게 책임을 묻는 식의 말버릇이 부부관계에 장기적으로 어떤 영향을 미칠까 하는 것도 데이터 분석의 대상이다. 그래서 나는 데이터 분석이나 확률통계가 윤리의 미래라고 말하고는 한다. 요즘은 무엇이 얼마나 좋은 일인지 나쁜 일인지가 직관적이고 명확히 밝혀지지 않고 확률통계적 분석을 통해서 밝혀지기 때문이다. 그러므로 우리의 행동이 얼마나 비윤리적인가를 데이터 분석 없이 말하기가 어려워졌다. 아주 많은 중요한 사례들이 확률적인 영역에 있지 확고한 인과관계로 이어지지 않기 때문이다.

그러니 자연스레 이런 데이터 분석을 하는 일에 많은 돈과 시간이 투자된다. 그리고 그런 시도의 끝에서 통계학자나 데이터 분석가가 쓰는 방법은 AI 패러다임과 같거나 깊게 연관되어 있다. 따라서 AI의 중요성은 점점 더 커질 수밖에 없고, 우리는 무의식 중에라도 AI의 영향을 받을 수밖에 없다. '데이터 분석에 의하면 이 댐은 지으면 안 된다'는 말이나 'AI가 말하기를 이 댐은 지으면 안 된다'는 말은 실질적으로 같은 뜻일 수 있다. 그래서 AI는 기계인데 내가 왜 기계의 명령을 들어야 하느냐는 불평은 표현에 달린 것이다. 원한다면 AI라는 말을 쓰지 않을 수도 있다.

정리하자면 AI 패러다임은 데이터를 분석하고 저장하며 생산하는 방법이다. AI는 데이터에 근거해서 행해지는 컴퓨터 최적화로 발견되는 것이며, 데이터 분석이 중요해지는 복잡하고 빨리 변하는 세상에서 AI는 우리가 쓰기를 피할 수 없는 안경과 같다. 우리는 데이터 분석을 통해서만 세상과 우리 자신을 볼 수 있기 때문이다.

문제의 구성

문제의 구성, 프레임 그리고 메타인지는 서로 깊게 연관되어 있다. 이들은 확률적 사고의 핵심이며 AI 교육에서 중요한 부분이고 AI 시대를 살아갈 사람이 갖춰야 할 창의력과도 깊은 관계가 있다. AI로 문제를 푼다는 것은 문제의 답을 발견할 시스템을 정의하고, 그 시스템에서의 데이터 형식을 정의하며, 문제의 목적을 정하는 것에서 시작된다. 그다음 데이터를 수집하고 AI 모델을 선정하며 컴퓨터 최적화 과정을 통해 AI를 만들 변숫값을 발견하면, AI가 만들어지고 문제가 해결되는 것이다. 이 모든 일에서 절대적인 중요성을 가지는 것이 문제를 정의하는 것이다.

주어진 환경이 같다 해도 문제를 정의하는 방법은 여러 가지가 있을 수 있고, 우리는 주관적 입장에서 그중 하나를 선택한다. 따라서 문제의 정의는 문제의 구성이라고 보다 적극적으로 부르는 것이 적합할 것이다. 문제의 구성은 이미 많은 분야에서 중요한 역할을 하고 있다. 본문에서 말한 디자인 사고에서도 문제의 구성이 중요하다. 여기서는 확률적 사고를 보다 심층적으로 이해하기 위해서 문제의 구성이 가지는 여러 다른 측면들에 대해 좀 더 자세히 이야기해보겠다.

게임의 특징

어느 날 눈을 떴더니 이 세상의 물리적 법칙과 다른 세계에 있는 것을 발견하게 되었다. 이런 문장을 읽었을 때 보통 사람들은 '꿈을 꾼다는 말이로군' 혹은 '게임을 하고 있는 모양이군' 하고 생각할 것이다. 내게는 이런 반응이 게임의 본질을 보여주는 것이라고 느껴진다. 바로, 게임이란 우리가 현실이라고 부르는 세상과는 다른 법칙과 정체성이 존재하는 공간이라는 것이다.

예를 들어 콘서트를 생각해보자. 어떤 대중가수의 콘서트에 가면 나도 그렇지만 많은 사람들은 종종 TV나 소설에 나올 것 같은 장면을 연출한다. 즉 노래를 크게 따라부르거나 가수에게 열광하는 소리를 내보는 것이다. 물론 그 가수를 좋아하기 때문이라고 말할 수도 있지만 그게 전부는 아니다. 그렇게 참여하는 것이 재미있기 때문에 그렇게 한다. 콘서트는 가수와 관객으로 이뤄진 게임이며 우리는 그 역할극 게임을 그저 즐기는 것이다. 이러한 규칙의 전환은 그 장소가 다른 장소와 분명히 구분될 때 더 명확해진다. 즉 우리는 콘서트장의 문을 열고 들어가는 순간 그 안에서는 다른 규칙이 적용된다는 것을 안다. 콘서트장에 들어간 사람은 그 안에서는 광적인 팬처럼 행동해도 이상한 사람

취급을 받지 않는다는 것을 알고 있다. 오히려 인정받는다. 왜 그런가? 콘서트장에서는 "누구나 그렇게 해요", "원래 콘서트장에서는 그렇게 하는 거예요"라는 말이 통하기 때문이다. 다른 세계, 다른 규칙이다. 그렇게 해서 당신은 콘서트장의 바깥에서 가지던 정체성에서 해방된다. 그런 해방을 통해서 우리가 얻는 것은, 우리가 통상 전자오락 같은 것을 게임이라고 할 때와 마찬가지다. 자유와 새로움을 만끽하는 것이다.

이런 시각을 가지고 세상을 보면 세상에서 게임이라고 불려야 할 것은 단순히 보드게임이나 온라인게임만이 아니다. 우선 우리가 공연예술이라고 부르는 것은 모두 일종의 게임이라고 생각해야 할 것이다. 나는 '예술의 한 형태로서 게임이 가능할까'라는 질문을 생각한 적이 있다. 그 참여가 제한적이긴 하지만 콘서트처럼 공연자와 관객을 모두 포함하는 행사는 이미 예술의 한 형태로서 존재하는 게임인 셈이다. 이런 예는 많다. 강연은 발표자와 청중이 함께 참여하여 만족을 얻기 위한 집단 행위이다. 심지어 영화를 영화관에서 다른 관객과 같이 보는 행위도 관객들 간의 상호작용이 영화의 실감성을 높인다는 점에서 게임이라고 부를 수 있다. 미술전시회도 그 전시실을 어떻게 꾸미고 그것을 관람하는 사람이 어떻게 그 미술을 감상하면서 상호작용하게 되는가에 따라 게임의 일종이 될 수 있을 것이다. 대동제나 굿을 하는 행위도 참여가 그 핵심이라는 점에서 게임이라고 말할 수 있다. 이 모든 예들은 수동적으로 외부와 다를 바 없는 규칙에 따라 행해지는 일들이 아니다.

AI 시대가 아니더라도 세계는 보편적이고 객관적인 질서만 존재하는 균질한 것은 아니었다. 일찍이 1938년에 《호모 루덴스》를 쓴 요한 하위징아는 인간이 놀이 본능을 가졌다고 주장했다. 그에 따르면 놀이는 특정한 시공간 내에서 벌어지는 자발적 행동, 자유롭게 받아들여진 규칙을 따르고 일상생활과는 다른 즐거운 의식을 수반하는 행동이다. 하위징아는 놀이 본능은 짐승도 가진 것이며, 놀이는 인간의 문화보다도 더 오래된 것이라고 말한다. 그래서 제사 의식에서 축구는 물론 언어까지 인간 문화의 기원은 놀이에서 찾을 수 있다는 것이다.

이러한 놀이 본능이나 다양한 놀이의 존재는 AI 시대에 더 큰 의미를 가진다. 우리는 우리가 게임이라고 부를 수 있는 어느 정도 독립적인 공간들을 만들어서 그 안에서는 바깥과는 다른 법칙이 통하게 만든다. 다른 법칙이 지배하는 공간은 다른 문제가 존재하는 공간이다. 예를 들어 서로 다른 사업은 서로 다른 제약과 수익 구조를 가진다.

이런 공간들은 AI패러다임의 도움을 받는다면 개선되어 더 매력적인 공간이 될 수 있다. 그 공간에서 AI를 발견하는 것은 마치 건물에 엘리베이터나 에스컬레이터를 설치하는 것과 같다. AI 기술은 더 많은 게임을 실행 가능하고 흥미롭게 만든다. 인간이 놀이 본능을 가졌다면 그것은 AI 시대에 훨씬 크게 발현될 것이다.

우리가 사회적 활동이라고 부르는 것도 그러고 보면 게임이다. 대중목욕탕이나 해변도 게임의 공간이다. 우리는 통상 벌거벗고 남의 앞에 서지 않는다. 그러나 특수한 공간, 특수한 상황에 이르면 "여기서는 누구나 그렇게 해요", "그건 원래 그런 거예요"라는 말이 강력한 힘을 발휘한다. 게임의 본질인, 현실과는 다른 규칙을 나누는 선이 존재한다. 이렇게 우리는 어느 정도의 폐쇄성을 가지고 그 바깥과 안에서 다른 규칙이 적용되는 모든 것은 다 게임이라는 틀을 통해 인식할 수 있다. 대학에 들어가고 취직하여 회사에 들어갔을 때 우리가 그 안에서 폐쇄성과 바깥과는 다른 규칙들을 발견한다면 그것도 게임이다. 한국에서 태어난 사람이 미국이나 일본에 가서 산다면 우리는 그런 타국에서의 삶도 일종의 게임이라고 부를 수 있다. 우리는 정도 차가있을 뿐 다른 환경으로 옮기면서 새로운 사람이 된다. 일단 이렇게 다른 게임이 실행되고 있다는 것을 인식하면 우리는 그 경계가 어디인지 그리고 그 게임의 법칙이 무엇인지를 알아내려고노력해야 한다. 대중 목욕탕과 결혼식장을 구분하지 못하면 문제가 생길 것이기 때문이다.

　우리는 이렇게 우리 주변에서 게임이라고 부를 수 있는 것들을 분리해서 인식할 수 있다. 이러한 메타인지는 문제의 구성과해결에서 중요한 역할을 한다. 우리는 그 공간을 지배하는 게임의 법칙을 말할 수 있고, 따라서 그 바깥과는 다른 종류의 데이터가 생산될 것을 예측하게 되기 때문이다.

그런데 게임은 어떻게 시작되고 끝나는가, 그리고 게임은 왜 존재하는가? 참여자가 있는 게임에서 진정한 게임의 시작은 단순히 게임을 알리는 신호가 아니다. 게임이 시작하려면 그 게임에 참여하는 사람이 그 게임의 목적과 규칙을 이해하고 동의하는 것이 필요하다. 보드게임의 규칙도 모르는데 "게임 시작"이라고 외친다고 게임이 시작되는 것은 아니다. 이러한 사전 이해가 없다면 게임의 참여자가 없을 것이고 참여자가 없다면 게임은 성립하지 않을 것이다. 그러니까 콘서트건 목욕탕이건 결혼식이건 서로 다른 규칙을 가진 공간에서 게임이 시작된다는 것은 참여자들이 그 게임의 규칙과 목적을 이해했다는 것을 전제한다.

게임에 있어서 또 하나 잊지 말아야 하는 것은 우리는 대개 어떤 현실세계 안에서 혹은 하나의 문화권 안에서 게임을 한다는 것이다. 즉 게임의 바깥이 존재한다. 게임의 바깥은 게임에 영향력을 행사한다. 예를 들어 누군가가 모두가 공분할 반인륜적인 게임이나 아예 불법적인 행사를 기획한다면 사회 일반은 그런 게임이 존재할 수 없도록 압력을 가할 것이다.

게임의 역할

그렇다면 우리는 왜 게임에 참여하는가? 현실이 모든 것을 다 만족시킨다면, 어떤 불만이나 억눌린 욕망이 없다면 아마도 우리는 따로 게임이 필요하지 않을 것이다. 즉 게임은 현실사회가 만족시키지 못하는 어떤 부분에 대해 해방구를 마련하고 그 부분의 긴장과 불만을 해소시키기 위해 존재한다. 현실사회의 규칙만으로는 해결이 안 되는 문제가 있기 때문에 다른 규칙을 가지는 게임이 있는 것이다. 그러므로 게임은 혼자서 저절로 생겨난다기보다는 현실이라고 불리는 어떤 다른 게임에 대한 대안으로 만들어진다.

게임이 현실사회의 문제로 인한 긴장과 불만을 해소하는 역할을 했다는 점을 잘 보여주는 예는 고대 로마의 검투사 시합일 것이다. 로마에서는 통치자들이 시민들의 불만을 잠재우기 위해 검투사 시합을 개최했고, 그 게임에서 시민들은 누적된 불만을 해소할 수 있었다.

생각해보면 이와 같은 일은 고대 국가에서만이 아니라 오늘날에도 일어나고 있다. 프로스포츠나 살인이 넘쳐나는 액션 영화 같은 것을 통해서 현대인들은 현실이 주는 답답함을 해소한다. 현실사회는 법과 윤리로 어떤 것들을 금지하고 있다. 우리는 미워하는 이웃을 공격해서도 안 되고 결혼제도를 부정하고 매혹적인 이성과 불륜을 저질러서도 안 된다. 집을 폭파하고 거리에서 레이싱을 해도 안 된다. 이런 것들에 대한 충동은 정도의 차가 있을 뿐 사람들의 내부에 전혀 없지는 않을 것이다. 그러한 것들은 어떤 해방구에서 어떤 특수한 규칙을 적용함으로써 예외를 인정받는다. 우리는 잔인하게 악당을 죽이는 영화를 보기도 하고, 이종격투기 선수가 서로를 죽일 듯이 때리는 것에 환호하기도 하며 불륜이 일어나는 드라마나 영화를 보기도 한다. 나라마다 다르기도 하지만 춤이나 사교모임이라는 형태로 남녀 간에 존재하는 예절에 대해 제한적으로 예외가 허용되는 경우도 있다. 그저 "게임이다"라고 선언하는 것 정도로도 사람들의 행동은 크게 달라진다.

우리는 한국의 전통 굿도 게임이라는 측면에서 이해할 수 있다. 〈오구〉라는 영화에서 잘 표현되고 있지만 마을에서 문제가 있을 때 굿을 한다는 것은 반드시 미신적인 것이 아니다. 어떤 사회나 어떤 현실에도 의식되든 의식되지 않든 형식이 있고 규칙이 있다. 그런데 그 형식이 그 공동체가 직면하는 모든 문제를 잘 해결할 수는 없다. 그러므로 시간이 지나면 모순은 누적된다. 그것은 윤리적인 억압일 수도 있고 빈부의 격차 때문에 생기는 모순일 수도 있다. 그런 모순이 너무나 많이 누적되면 공동체는 비록 그 자체가 소중한 시스템일지라도 와해되고 만다. 이것은 마치 땅을 파는데 맨손보다는 삽으로 파는 것이 좋지만 삽의 특정 부위에 손의 특정 부분이 긁히는 문제를 해결하지 못한 채 계속 삽을 쓰면 손이 너무나 많이 상하기 때문에 삽을 쓰지 못하는 상황과 비슷하다. 그럴 때 우리는 삽을 쓰기를 완전히 포기하는 것이 아니라 잠시 중단하고 손을 치료한다. 왜냐면 비록 이런 문제점이 있더라도 맨손으로 일을 하는 것보다는 삽을 쓰는 것이 좋기 때문이다. 굿이란 마을에서 어떤 해결할 수 없는 문제들이 일어날 때, 잠시 삽을 내려놓듯 기존 규칙을 내려놓음으로써 문제를 해소하는 것이다. 굿을 하는 동안 사람들은 평상시와는 다른 게임을 한다. 다른 식으로 자기를 표현하고 다른 식으로 행동한다. 다른 식으로 재화를 소비한다. 따라서 굿을 통해서 사람들의 내적 불만은 다스려지고 상처는 치유된다. 그렇게 될 때 다시 공동체는 제대로 돌아갈 수 있다. 우리의 이성과 기존의 방식으로는 대처할 수 없는 것에 대해 예술적 표현을 함으로써 문제를 해결하는 것이다. 그러므로 굿이란 이미 예술적인 게임을 하려는 노력으로 존재해왔다고 말할 수 있다. 이런 문맥에서 말하자면 굿을 미신이라고 비웃으면서 열심히 프로야구를 보거나 드라마에 빠져 있는 현대인들은 생각이 깊지 않은 것이라고 볼 수 있다.

게임의 역할에 대해 다음으로 말할 수 있는 것은 현실과 게임의 전복이다. 이제까지는 현실에 대한 보충으로써 게임을 이야기해왔지만, 게임의 내부가 커지면서 안이 바깥이 되고 바깥이 안이 되는 현실과 게임의 전복 현상은 언제나 일어날 수 있다. 어떤 의미에서는 언제나 일어나고 있다고 할 수 있다. 우리는 복고풍을 주장하는 테마파크를 걸으면서 그런 것을 느낄 수 있다. 몇 십 년 전 혹은 몇 백 년 전의 거리를 유지하거나 흉내 낸 마을에서 우리는 조선 시대나 1960년대 같은 과거를 재현하는 게임을 즐긴다. 그럴 때 우리는 우리의 현실이 현실이며 과거의 것을 재현한 그 공간이 게임 공간이라는 것을 의심하지 않는다. 그러나 과거의 관점에서 보자면 우리가 지금 현실이라고 부르는 것이 오히려 어떤 작은 실험적 게임이었다. 사람은 기본적으로 농사를 지어서 먹고 사는 것이며 장사를 한다든가 물건을 만든다든가 글을 쓰고 기록을 남긴다든가 하는 것은 그저 부수적인 작은 게임으로 생각되던 시대도 있었다. 어느 것이나 처음에는 그저 특이한 한 무리의 사람들, 한 무리의 매니아 같은 별종들이 별 도움은 안 되는 그런 일을 좋아했던 것이다.

그때는 우리가 지금 게임이라고 부르는 것이 현실이었고 우리가 지금 살고 있는 현실이 게임이었다. 그러나 게임은 인기를 얻고 그 유용성을 인정받아 확장되면서 현실을 압도했고 현실과 게임은 전복되고 말았다. 그래서 우리는 이제 과거를 게임으로 즐기고 우리가 가진 것을 현실로 인식하는 것이다. 공화국에 사는 사람에게는 왕정이 게임이지만 왕정을 사는 사람에게는 공화정이 상상에서나 가능할 게임이다. 이런 게임의 전복 중에는 현실과 현실에 대한 보충재 역할을 하던 부분이 서로 뒤바뀌고 만다. 종교의 시대에는 기이한 짓을 하던 사람들이 과학자였는데 이제 세상은 과학의 시대가 되었다. 농경사회에서는 글을 쓰는 일이 사람이 먹고사는 일과는 아무 관계가 없었는데 이제는 세상이 달라졌다. 오늘날에는 많은 현대인들이 그저 재미 삼아서 텃밭을 일군다. 지역에 따라 사람에 따라 다르게 느낄 테지만 낚시가 그렇게 되었듯이 농사는 일종의 게임이 되었다. 이런 의미에서 게임은 혁명의 씨앗이며 방법이라고 말할 수도 있을 것이다. 우리는 일단 현실을 인정하면서 작은 게임을 시작한다. 그리고 그 게임이 충분히 성공적이어서 현실을 압도하게 되면, 그것이 현실이 된다. 다시 말해 그 게임의 법칙이 보편화된다.

이것이 사회가 변해가는 방식이라면 우리는 참여자가 있을 만한 게임을 고민하는 일에 좀 더 시간을 써야 할 것이다. 그 게임은 특이한 사람의 해방구 정도로만 남을지도 모르고 훗날 어쩌면 현실을 전복하여 현실이 될 게임일지도 모른다. 우리는 게임의 전환과 게임의 출현에 주목해야 한다. 그렇지 않을 때 우리는 축구판에서 야구를 하는 사람으로 인식될 것이다. 더 좋은 세상을 만들어낼 수도 없을 것이다.

덧붙여, 프레이밍과 게임의 관계에 대해서 이야기해보자. 어빙 고프먼은 그의 책《프레임 분석》을 통해서 사람들이 특정 상황이나 사건을 이해하기 위해서 사용하는 인지적 틀이 있음을 지적했다. 그것이 프레임이다. 이 프레임은 기본적으로 주관적이며 그래서 고의적으로 사람들이 잘못된 프레임을 가지도록 유도할 수도 있다. 하지만 프레임은 또한 마치 문화처럼 여러 사람에 의해서 공유될 수 있다는 점에서 객관적인 성격을 가지기도 한다. 특정한 프레임으로 주어진 상황을 바라보는 것이 관습화된 것이다. 가부장적 문화가 이런 예가 될 것이다.

이 글에서 말하는 확장된 의미의 게임은 객관적으로 존재하는 것으로 이해하기 쉽지만 주관적인 성격도 있다. 즉 주어진 상황에서 작동하는 게임의 규칙이 공식화되지 않은 경우에 사람들은 같은 상황에서 서로 다른 게임을 하고 있다고 생각할 수도 있다. 예를 들어 공식화되어 있지는 않지만 각 식당마다 서로 다른

부록 2. 문제의 구성

관습이 상식화되어 있을 수 있다. 이때 어떤 식당에 처음 들어온 사람은 그 식당의 관습화된 규칙(게임의 규칙)에 항의하면서 자신의 규칙(프레임)에 따라 이 식당을 사용하겠다고 주장할 수도 있을 것이다.

따라서 게임과 프레임은 굉장히 밀접한 관계를 가지고 있다. 다만 프레임과 달리 게임은 단순히 인지적 틀이 되는 것을 넘어 그 규칙이 문서화되고 공식화될 수 있다. 그러면 게임은 바둑이나 축구가 그런 것처럼 객관적으로 존재하게 된다.

형식적 시스템과 문제의 구성

여기서는 일단 '형식적 시스템' 내지 '형식적 틀'이라는 말의 수학적 의미를 알아보고 그를 기반으로 게임을 정의 또는 이해하는 일을 해보자. 형식적 시스템이라는 것은 수학에서 숨겨진 가정을 드러내고 모순을 제거하려는 노력 끝에 만들어진 것이다. 19세기 말엽 수학자들은 그때까지 알려진 수학증명들이 엉터리가 많다는 것을 알게 되었다. 증명이 없거나 엉터리인데도 경험적으로 옳다는 이유로 쓰는 수식도 많았던 것이다. 특히 칸토르의 집합론이 등장하자 직관적이고 상식적인 수학의 전개가 분명한 모순을 드러낼 수 있다는 것이 알려졌다. 그래서 수학자들은 모순 없는 수학을 재건하려고 했고 그 노력 끝에 순수수학은 기호들을 논리적으로 전개하는 학문이 되었다. 우리는 형식적 시스템의 관점으로 서로 다른 게임들이 동등한지 혹은 어디가 다른지를 보다 명확히 알아차릴 수 있다.

형식적 시스템은 네 가지 요소로 구성된다. 첫째는 기호나 상징이다. 둘째는 구성 규칙이며, 셋째는 변형 규칙이다. 마지막은 공리이다. 기호나 상징은 이 형식적 시스템에서 사용되는 어휘에 해당한다. 구성 규칙은 기호들이 어떻게 나열될 수 있는지, 즉 어떤 나열이 허용되거나 허용되지 않는지를 말해준다. 변형 규칙은 특정한 기호들의 나열이 주어져 있을 때, 그것이 어떻게 다른 나열로 변형될 수 있는지를 말해준다. 공리들은 더 이상의 설명 없이 유효하다고 여겨지는 기호의 나열들이다. 즉 우리가 공리에서 출발하여 변형 규칙을 써서 만든 새로운 기호의 나열들을 옳은 표현이라고 할 때 공리는 이 형식적 시스템 내에서 자명하게 옳은 표현들이다.

이런 추상적인 설명은 하나의 게임인 체스를 통해서 보다 쉽게 이해할 수 있다. 체스는 하나의 형식적 시스템을 이룬다. 체스에서 기호나 상징에 해당하는 것은 체스의 말들이다. 구성 규칙은 말이 놓이는 방식과 체스판의 모양에 의해서 주어진다. 즉 우리는 체스판의 사각형 안에 말을 놓아야지 그 바깥이나 선 위에 말을 놓아서는 안 된다. 변형 규칙은 퀸이나 폰 같은 각각의 말을 움직이는 규칙이다. 두 진영은 자기 차례가 되면 규칙에 따라 하나의 말을 움직여서, 체스판 위 말들의 배열을 새롭게 바꿀 수 있다. 마지막으로 공리는 처음 체스 게임을 시작할 때의 말들의 배열이다. 형식적 시스템의 예인 수학은 유클리드 기하학이 보여주듯이 하나 이상의 공리를 가진다. 수학에서는 이 공리들에서 출발해서 허용되는 규칙에 따라 만들어진 새로운 상징들의 나열을 정리라고 부르며, 그 정리까지 도달하는 과정을 증명이라고 부른다.

지능이 주관적인 것이라는 것은 이런 형식적 시스템과 함께 생각하면 보다 분명해진다. 어떤 선택이나 행동이 지능적인 것인지는 하나의 문제 공간 안에서 혹은 하나의 게임 안에서 특정한 목적을 달성하는 데 바람직한가 그렇지 않은가를 기준으로 결정된다. 농구를 하면서 공을 손으로 던지는 것은 유효한 행동이지만 축구를 할 때는 그렇지 않듯이, 어떤 게임을 하고 있는가를 말하지 않고서 어떤 행동이 유효한지 지능적인지 이야기할 수 없다. 그래서 하나의 문제는 이런 게임의 특성을 말하고 나서야 정의되는 것이다. 각각의 문제가 가지는 경계와 특성을 무시하고 특정한 행동이 지능적인지 아닌지를 우리는 말할 수 없다.

2016년에 AI 알파고로 프로바둑기사 이세돌을 이긴 딥마인드는 그 이후에도 다양한 게임을 하는 AI를 내놓았다. 2017년에는 인간의 데이터 없이 게임의 규칙만으로 게임을 학습하는 알파제로를, 2019년에는 게임의 상태가 부분적으로 공개되는 전략게임인 스타크래프트 II를 하는 알파스타를 내놓았으며, 2020년에는 게임의 규칙을 모르는 상태에서 체스, 쇼기, 바둑, 아타리 등 다양한 게임을 학습하는 알고리즘인 뮤제로를 발표했다.

이런 게임들은 오락을 위한 게임들이지만 딥마인드의 결과물들은 형식적 시스템에서, 즉 게임에서 목적을 달성하는 AI가 개발 가능하다는 것을 보여준다. 그리고 앞에서 소개한 형식적 시스템의 눈으로 세상을 둘러보면 우리는 무수히 많은 게임의 예들을 만나게 된다. 우리가 언제나 그런 게임들을 수학의 형태로까지 단순화할 필요는 없겠지만, 그래도 게임을 최대한 단순한 형태로 묘사하는 것은 그 게임이 가진 문제를 발견하고 게임을 만들 때 어떤 규칙을 빼고 어떤 규칙을 집어넣어야 하는지를 결정하는 데에 도움이 될 것이다. 그러고 나면 이 게임은 그 안에서 목표를 정해서 문제를 정의할 공간으로 해석될 수 있다.

단순한 형태로 게임이나 문제 공간을 정의할 수 있다면 우리는 AI 패러다임을 통해 그 공간의 문제들을 보다 쉽게 해결하는 것이 가능할 것이다. AI 패러다임은 문제 공간에서 문제들을 해결하는 해결사이기 때문이다. 교통 최적화, 물류 관리, 에너지 관리, 의료자원 배분, 도시 계획 등 우리가 개선을 상상해볼 수 있는 게임의 예는 많다. AI는 메타버스에도 큰 도움이 될 수 있다. 메타버스는 3차원 그래픽 기술을 기반으로 구현된 가상세계로 사용자의 활동이 실시간으로 이뤄지고 다른 사용자의 아바타와 소통할 수 있는 공간이다. 사람들은 이 메타버스의 공간을 물리적 실제 공간보다 훨씬 더 매력적인 것으로 만들 AI들을 많이 찾아낼 수 있을 것이다. 우리는 집을 물리적 공간으로 하는 게임으로 생각해서 설계에 AI를 쓸 수 있을 것이다. 나의 생활 패턴을 생각하면서 공간을 최대한 실용적으로 쓰는 집을 설계하는 것이다.

이렇게 해결책이나 개선책을 발견하자면 우리는 먼저 어떤 분리된 게임 공간을 인식해야 한다. 그것이 문제를 구성하는 데 있어서 가장 중요한 부분이다.

비즈니스 모델과 문제의 구성

문제의 구성이란 사업가들이 말하는 비즈니스 모델의 구상보다는 더 보편적인 개념이다. 연구를 하는 물리학자나 글을 쓰는 작가에게도 문제를 잘 구성하는 것은 핵심적으로 중요하다. 물리학자는 연구하고자 하는 시스템을 정의해야 하고 작가는 글이 가지는 기본 설정을 정해야 한다. 그래야 연구가 잘 되고 글도 잘 쓸 수 있다. 그래서 물리학자에게도 작가에게도 문제를 구성하는 능력은 가장 중요한 능력이다. 잘 정의된 문제를 푸는 물리학자는 좋은 결과를 쉽게 생산하지만 잘못 정의된 문제는 풀기도 어렵고 풀어도 그 의미가 불분명하다. 소설에서 문제의 구성이란 소설의 설정이다. 설정이 좋은 소설은 거의 저절로 쓰여지지만 애초에 설정이 나쁜 소설은 계속 써나가기가 어렵다.

이렇듯 문제의 구성이란 반드시 돈을 대가로 받는 일에 직접적으로 관련된 것은 아니다. 문제는 여러 환경에서 여러 가치를 기반으로 구성될 수 있다. 시장에서의 활동인 사업은 가능한 문제들 중 하나일 뿐이다. 그러나 비즈니스 모델을 구상하는 것은 문제를 구성하는 중요한 사례이고 이에 대한 많은 연구들이 있기 때문에, 비즈니스 모델의 구상은 문제의 구성이 어떤 것인가를 구체적으로 알 수 있는 좋은 예가 된다.

8. 핵심 파트너십	7. 핵심 활동	2. 가치 제안	4. 고객 관계	1. 고객 세그먼트
	6. 핵심 자원		3. 채널	
9. 비용		5. 수익원		

위 그림은 비즈니스 모델 캔버스(BMC)라는 것이다. BMC는 2010년에 예스 피그누어와 알렉산더 오스터왈더가 쓴 책《비즈니스 모델의 탄생》에서 소개한 것으로, 새로운 비즈니스 모델을 개발하거나 기존의 비즈니스 모델을 문서화하기 위해서 사용되는 도안이다. BMC는 아래의 9가지 구성 요소로 이루어져 있다.

① **고객 세그먼트**(Customer Segments): 비즈니스가 어떤 고객을 위한 가치를 창출하는지 정의한다.

② **가치 제안**(Value Propositions): 고객의 문제를 해결하거나 니

즈를 충족시키는 제품/서비스의 가치를 설명한다.

③ **채널**(Channels): 가치 제안을 고객에게 전달하는 방법을 정의한다. 온라인, 오프라인, 직접 판매, 파트너 판매 등의 채널이 있다.

④ **고객 관계**(Customer Relationships): 각 고객 세그먼트와 어떤 관계를 맺고 유지할 것인지 설명한다. 개인화된 서비스, 자동화된 서비스, 커뮤니티 등의 방식이 있다.

⑤ **수익원**(Revenue Streams): 고객이 돈을 지불할 용의가 있는 가치가 무엇인지 정의한다. 자산 판매, 사용료, 구독료, 임대료, 라이선스 요금 등의 수익 모델이 있을 수 있다.

⑥ **핵심 자원**(Key Resources): 비즈니스 모델을 작동시키는 데 필요한 핵심 자원을 설명한다. 물적, 지적, 인적, 금전적 자원 등이 포함된다.

⑦ **핵심 활동**(Key Activities): 비즈니스 모델을 실행하기 위해 필요한 핵심 활동을 정의한다. 생산, 문제 해결, 플랫폼/네트워크 관리 등이 해당된다.

⑧ **핵심 파트너십**(Key Partnerships): 비즈니스 모델을 위해 협력할 파트너를 설명한다. 전략적 제휴, 협력사, 공급사 등이 포함된다.

⑨ **비용**(Cost Structure): 비즈니스 모델 운영에 필요한 모든 원가 요소를 포함한다. 고정 비용, 변동 비용, 규모의 경제 등을 분석한다.

BMC는 ② 가치 제안을 중심으로, 오른쪽은 가치가 어떻게 고객에게 전달되는가를, 왼쪽은 가치가 어떻게 생산되는가를 보여준다. BMC의 장점은 직관적이고 간결하게 비즈니스 모델 전체를 조망하게 해준다는 것이다. 그래서 하나의 비즈니스가 어떤 문제에 관여하며 그것을 어떻게 해결하는지, 그 문제에 관련된 사람들이 어떤 사람들인지를 잘 알 수 있게 해준다.

비즈니스 모델의 설계란 결국 시장이라는 큰 게임 안에서 작은 게임을 설계하는 것이다. 즉 어떤 규칙과 활동을 통해 목적을 달성할 것인가를 고민하는 것이라고 할 수 있다. 우리가 사업의 목적을 정하면, 성공적인 비즈니스 모델은 BMC가 보여주는 각각의 요소들을 최적화함으로써 만들어질 것이며 우리는 이것을 문제해결 과정으로 볼 수 있을 것이다. 이런 최적화 과정은 언제나 AI를 통해서 이뤄지는 것은 아니지만, AI 패러다임과 유사하게 문제에 접근하고 있다.

비즈니스 모델의 세부적인 부분 내부에서도 우리는 AI를 활용할 수 있다. AI를 써서 고객 데이터를 분석하고 보다 세분화된 고객 집단을 정의할 수 있을 것이며, AI 데이터 분석을 통해 고객이 필요한 것을 찾아내어 제품이나 서비스를 개선할 수도 있다. AI는 수요와 공급이나 경쟁사 가격 등 여러 변수를 고려해서 상품의 최적의 가격을 책정할 수도 있으며 생산설비에 부착된 센서로 데이터를 얻고 분석해서 관리에 사용할 수도 있다.

비즈니스 모델을 개발한다는 것은 결국 어떤 경계를 가진 게임을 구성한다는 것이다. 이 게임 안에서 소비자와 생산자는 모두 게임의 참가자가 된다. 비즈니스 모델의 핵심은 각 참가자가 어떤 문제를 가지고 있는지 파악하고, 어떤 규칙을 제안했을 때 모든 참가자가 만족할 수 있는지를 찾아내는 것이다. 이러한 게임 공간은 실제로 실행되면 데이터를 생산할 것이고 그 데이터를 AI를 만드는 데 활용하면 그 공간은 더 만족스러운 공간으로 개선될 수 있다. 즉 AI는 비즈니스 모델을 혁신하고 이런 혁신은 반복될 수 있다.

무엇을 바꿀 것인가?
AI와 함께 만드는 최적의 미래

초판 1쇄 발행 | 2025년 3월 24일

지은이 | 강국진
펴낸이 | 이은성
펴낸곳 | 필로소픽
편 집 | 구윤희, 김승현
디자인 | 백지선
주 소 | 서울시 종로구 창덕궁길 29-38, 4-5층
전 화 | (02) 883-9774
팩 스 | (02) 883-3496
이메일 | philosophik@naver.com
등록번호 | 제2021-000133호

ISBN 979-11-5783-367-2 03300

필로소픽은 푸른커뮤니케이션의 출판 브랜드입니다.